W0236537

Peter Hahne · Mein Leben – lebenswert?

Peter Hahne

Mein Leben –
lebenswert?

Bibliografische Information der Deutschen Nationalbibliothek

Die Deutsche Nationalbibliothek verzeichnet diese Publikation in der Deutschen Nationalbibliografie; detaillierte bibliografische Daten sind im Internet über http://www.dnb.de abrufbar.

ISBN 978-3-8429-1000-3

Bestell-Nr. 5.121.000

5. Auflage 2014
© 2010 mediaKern GmbH, Friesenheim-Schuttern
Umschlagbilder: © Fotolia; Autorenbild: Jürgen Detmers
Umschlaggestaltung und Layout: Ch. Karádi
Gesamtherstellung: Drukarnia Dimograf, Bielsko-Biała, Polen

www.media-kern.de

Inhalt

Die (Über-)Lebensfrage

»Freunde, das Leben ist lebenswert …« Ist das nur eine wahrheitsferne Operettenarie in Franz Lehárs »Giuditta«? Nur etwas für Leute, die mit einer Maske die Realität verbergen und ihr Publikum für Stunden in eine heile Welt entführen? Ist das Leben ein dramatisches Schauspiel mit bangem Warten auf ein Happy End?

Lebenswerte Freude wollten auch die Hunderttausenden, die an einem Julisamstag nach Duisburg strömten. Doch die »Loveparade« wurde zum Totentanz. Dilettantische Sicherheitsmaßnahmen versetzten die Massenparty in eine Massenpanik. 21 Tote und über 500 Verletzte die traurige Bilanz, Opfer des Geltungsdrangs der kommunalen und kommerziellen Veranstalter. Vielleicht habe der Tod seiner Tochter ja doch einen Sinn, meinte ein Vater erschüttert: »Dass wir endlich begreifen, dass ein Menschenleben, sein Wohlergehen und seine Sicherheit mehr wert sind als alle anderen Motive.«

»Jetzt sehen wir, wie wenig ein Menschenleben zählt!« Hat der Friedensnobelpreisträger und einstige Arbeiterheld Lech Walesa damit recht, der dies fassungslos und resigniert in die Fernsehkameras sagte, nachdem beim Flugzeugabsturz am 10. April 2010 die polnische Elite ums Leben kam? Alle 96 Insassen der Präsidentenmaschine, Minister, Militärs, Notenbankchef, Bischöfe und Abgeordnete, starben auf dem Weg zu einer Gedenkfeier im russischen Katyn. Eine weltweit einmalige Katastrophe, eine ganze Nation in Schockstarre unter der Frage »Warum?«.

Geheimnisumwittert-dumpfe Prognosen beschreiben Weltuntergangsstimmung. Es ist nicht nur die Fiktion des Hollywood-Films »2012« des deutschen Regisseurs Roland Emmerich, selbst das Nachrichtenmagazin »Spiegel« (19/2009) spricht düster drohend vom »Weltvirus«, das unseren blauen Planeten als »Angriff aus dem Schattenreich« befällt, zum Beispiel durch die Schweinegrippe. Was ist das Leben des Einzelnen dann noch wert? Auch angesichts von Klimakillern, Finanzkrise und Massenarbeitslosigkeit? So zeigt uns die Ölkatastrophe im Golf von Mexiko mit ihren unermesslichen ökologischen und ökonomischen Schäden die menschliche Ohnmacht trotz mächtiger modernster Technik.

Oder stimmt es dennoch, dass das Leben es wert ist, gelebt zu werden? Trotz drohender globaler Konflikte und Katastrophen, trotz Terror und Tod, trotz der Eiseskälte einer Gesellschaft, in der Kindesmissbrauch vertuscht und die Gewalt immer jünger und immer brutaler wird, in der man Kleinkinder verhungern lässt und der Lebenswert sich in bloßer materieller Selbstverwirklichung erschöpft?

Die Antwort auf diese Frage entscheidet alles. Davon hängt alles ab, ob ich weiß: Mein Leben ist nicht umsonst, ich bin kein Rädchen im Getriebe der Zeit, keine Nummer wie beim Finanzamt, kein auswechselbares Requisit auf der großen Bühne der Welt.

»Freunde, das Leben ist lebenswert ...« Wirklich? Oder hat nicht Albert Camus recht, der Meursault, den Helden seines Romans »Der Fremde«, sagen lässt: »Jeder weiß, dass das Leben nicht lebenswert ist«?

Die Frage nach dem Wert des Lebens drängt auf Antwort. Denn sie entscheidet darüber, in welchem Rahmen mein Dasein verläuft. Wer sich dieser Sinn- und Zielfrage stellt, beginnt Gleise zu legen für seine Zukunft.

Wer weiß, dass sein Leben einen gesetzten

Wert hat, der durch keine Inflation der Welt infrage gestellt werden kann, wird gelassen und getrost auch Durststrecken überstehen. Wer meint, der Wert seines Lebens sei die Summe seiner Leistungen, ist arm dran. Wie schnell Karriere, Konsum und Kapital als Gradmesser versagen, zeigen nur überdeutlich die aktuellen Krisen. Auch der Zynismus, mit der über den Sinn der teuren Hochleistungsmedizin für Alte und Schwache debattiert wird, erschreckt viele.

Eines sollte von vornherein klar sein: Nur der wird ein sinnvolles Leben führen können, dessen Antwort nicht hinter gespielter Maske, sondern in begründeter Wahrheit lautet: »Freunde, das Leben ist lebenswert ...«

Im Folgenden will ich Ihnen sagen, warum mein Leben einen Wert hat. Dies ist meine Sicht der Dinge – auf der Grundlage der Grundurkunde unserer Kultur, der Bibel. Jeder kann diese Frage persönlich beurteilen und anders bewerten. Zum Wert des Lebens gehört ja auch Gedanken- und Religionsfreiheit. Meine Karten lege ich Ihnen offen auf den Tisch: Ich möchte, dass auch Sie den wahren Wert Ihres Lebens entdecken. Und verlassen Sie sich darauf: Es ist der Höchstwert!

Peter Hahne
Berlin, im Juli 2010

Wertlos wie Müll?

Es ist schon einige Zeit her. Da sitzt mir Manfred gegenüber. Ein prima Kerl und klasse Kumpel für die Jungen seines Alters. Er spielt gern Fußball und nächstes Jahr will er sein Abitur machen. Manfred ist gerade 18 geworden, hat den Führerschein gemacht, hat von seinen Eltern ein Auto bekommen und ist damit auch vorgefahren. Toll, könnte man meinen. Manfred ist jung. Er hat sein Leben noch vor sich. Er kann etwas daraus machen. Er kann sich einen Beruf aussuchen, der ihm Spaß macht. Er kann jetzt Gleise legen für seine Zukunft. Aber ich blicke in traurige und leere Augen. Und ich höre Manfreds Geschichte:

»Ich bin zusammen mit meinem Bruder aufgewachsen, der zwei Jahre jünger ist als ich«, berichtet er. »Uns hat es materiell an nichts gefehlt. Unsere Eltern haben uns alles gegeben, was wir haben wollten. Sie besitzen ein großes Geschäft. Nur eines haben wir nie bekommen: Liebe und Zeit, dass wir uns einmal aussprechen konnten, dass wir gemerkt hätten, wir sind akzeptiert von unseren Eltern.

Als wir klein waren, musste sich eine Tante um

uns kümmern. Später waren wir auf uns allein gestellt. ›Die Jungens müssen früh genug selbstständig werden, damit sie später im Leben ihren Mann stehen können‹, meinte Vater immer. ›Später holen wir das alles nach, wenn das Geschäft ausgebaut ist und wir Zeit haben‹, fügte Mutter hinzu. Später, später!« Manfred guckt mich an. »Wissen Sie, wir hatten niemanden, der sich um uns kümmerte. Wir hatten niemanden, der nach uns fragte. Da war keiner, der uns wirklich liebte, auch nicht einer.«

Und dann fassen beide Brüder einen dramatischen Entschluss. Der Tag X ist der Geburtstag des Jüngeren.

Bis dahin werden nach einer ausgeklügelten Strategie aus den Apotheken der Nachbarorte starke Schlaftabletten gekauft. Systematisch und geplant. Der Tag X rückt näher. Und am Abend des Geburtstages, den die Eltern übrigens vergessen haben, fahren beide in den nahe gelegenen Wald.

»Wir wollten Schluss machen, gemeinsam. Welchen Wert hatte denn unser Leben noch, wo wir doch nur uns selbst hatten! Keine Liebe, kein Verständnis, keine Geborgenheit! Und dann ging alles schnell. Als die Tabletten runter sind, waren wir eigentlich erleichtert. Aufgewacht bin ich im Krankenhaus. Wo ist mein Bruder? Ihn hatte es erwischt! Für ihn war es zu spät, als ein Waldarbeiter uns am frühen Morgen zufällig fand.«

Manfred schaut mich mit traurigen Augen an. »Warum musste ich denn überleben, warum bin ich nicht auch draufgegangen? Jetzt bin ich ganz allein. Denn zu Hause wird sich sowieso nichts ändern. Welchen Sinn hat denn mein Leben noch?«

Da sitzt mir dieser junge Mann gegenüber. Zusammen mit seinem Bruder wollte er sein Leben wegwerfen, wie es Tausende Jahr für Jahr in unserem Lande tun – die Zahl der Jugendselbstmorde nimmt dramatisch zu, es war die häufigste Todesursache in dieser Altersgruppe im Jahr 2009.

Manfred wollte Schluss machen. Man hat ihn jedoch rechtzeitig gefunden. Jetzt treibt ihn nur ein Gedanke: »Ich muss meinem Bruder folgen. Ich muss es noch mal versuchen.« Da sitzt Manfred und stützt seinen Kopf auf die Knie: »Mein Leben ist sinnlos, da ist keiner, der sich um mich kümmert. Da ist keiner, der mich liebt. Mein Leben ist wertlos. Ich kann es wegwerfen wie Müll in die Tonne!« Es hallt bis heute in mir nach: »Wie Müll in die Tonne!« Ja, ist das Leben denn Wegwerfware?

Liebesbrief für Ebenbilder

Dann habe ich Manfred aus der Bibel erzählt. Denn wo sonst wird uns so viel vom Menschen berichtet wie in Gottes Wort, dem Buch der Bücher, das sich in Bezug auf die Wertschätzung des Menschen wie ein riesiger Liebesbrief liest?! Die Bibel macht Gott groß, ohne den Menschen klein zu machen – darin liegt ihr Geheimnis. Die uralten Worte des achten Psalms zum Beispiel machen das in dramatischer Aktualität deutlich!

»»Gott schuf den Menschen zu seinem Bilde‹ (1. Mose 1,27). Manfred, als Gott diese Welt ins Leben rief, da hat er als Krönung den Menschen geschaffen! Er hat dem Menschen einen Wert gegeben, wie ihn keine andere Kreatur in diesem Kosmos hat. Der Mensch ist Gottes Ebenbild!

Als Gott dich geschaffen hat, hat er gesagt: ›Das ist Manfred, mein Ebenbild. So will ich Manfred haben, als mein Gegenüber.‹ Der ewige Gott, der den Kosmos gemacht hat, der die Geschichte lenkt, der die Haare auf dem Haupt gezählt hat und den Sand am Meer, dieser ewige, lebendige Gott hat vor 18 Jahren den Entschluss gefasst: ›Ich erschaffe Manfred zu meinem Bilde. Manfred soll mein Partner sein. Mit ihm will ich reden, ich will ihm helfen, ich will ihm sagen, was gut für ihn ist. Ich will sein Leben groß anlegen, denn es ist überaus wertvoll. Er ist ja mein Ebenbild, er steht in besonderer Beziehung zu mir.‹

›Keiner kümmert sich um mich, keiner hat Zeit für mich, keiner liebt mich …‹ – Manfred, das stimmt nicht, das ist nicht wahr. Zumindest einer ist da. Und das ist kein Geringerer als der Herr dieser Welt. Vertrau dich ihm an, akzeptiere dich selbst als der, der du bist: Ebenbild Gottes. Manfred, du wolltest Schluss machen mit deinem Leben. Das kann jetzt der Anfang werden für ein neues Leben. Dein Leben ist keine Wegwerfware, sondern du hast einen Spitzenwert: Ebenbild Gottes.«

Diese Geschichte durfte ich weitererzählen. Und ich weiß nicht, wie viele Leser dieser Zeilen es gibt, deren Geschichte Manfreds Geschichte ähnelt. Vielleicht nicht so dramatisch, aber im Tiefsten doch identisch. Wen unter uns treibt denn diese Frage nicht um: Wer bin ich eigentlich? Wozu bin ich da? Nur um ein paar Leistungen zu erbringen? In der Schule büffeln, um einen guten Notendurchschnitt zu kriegen? Im Beruf bloß nicht auffallen, um meinen Arbeits-

16

platz nicht zu riskieren? Wer bin ich denn? Bloß ein Rädchen im Getriebe der Zeit? Eine Nummer wie bei der Kfz-Zulassungsstelle?

Was ist denn nun der Wert meines Lebens? Drei Gedanken, drei mir wichtige Punkte dazu möchte ich Ihnen weitergeben. Beim vierten Punkt ist Ihre Antwort entscheidend; nur Sie selbst können sie hinzusetzen. Denn zum Schluss haben wir es in der Hand, ob wir den Wert unseres Lebens akzeptieren und entsprechend »wert-bewusst« leben.

Evolution ist zu wenig

Gottes Zusage lautet: »Du bist jemand. Du bist mein Ebenbild. Hör auf mit deinen Minderwertigkeitskomplexen, aber auch mit deiner Selbstüberschätzung. Ich, Gott, schuf dich, Mensch, nach meinem Bilde!«

Wenn das stimmt, dann sind wir keine Nummern. Gott nimmt ein Wesen aus der riesigen Fülle der Geschöpfe heraus. Eines, den Menschen, und er macht es sich zum Spiegelbild. Gott hat sich von Anfang an den Menschen als Gegenüber gewählt. Er spricht ihn an und er lässt sich von ihm ansprechen. Das ist die Würde des Menschen, herausgehoben zu sein aus der ganzen übrigen Schöpfung.

Da kommen die Affentheoretiker und Evolutionsideologen nicht mit, wenn sie ein Lebewesen nach der Höhe seiner Entwicklungsstufe taxieren, dem Schwachen den Wert absprechen und Stärke zum Prinzip erheben. Da scheitert jede andere Definition des Menschen. Wer den Menschen für weniger hält als »Bild Gottes«, der öffnet damit auch Tor und Tür zur Vernichtung sogenannten lebensunwerten Lebens. Die menschenverachtenden Ideologien des letzten Jahrhunderts, von denen sich das deutsche Grundgesetz mit seiner Präambel »In Verantwortung vor Gott und den Menschen« ja ganz bewusst und dezidiert absetzt, sprechen eine deutliche Sprache.

Und das können wir noch so schön kaschieren als humane Euthanasie oder sozial indizierten Schwangerschaftsabbruch. Ist es wirklich der »schöne, sanfte Tod«, wie ihn die Sterbe-»Helfer« versprechen, oder sind kommerzielle Todesbegleiter nicht clevere Geschäftemacher, die nur davon existieren, dass der Wert des Lebens heute nach Gesundheit und Jugend definiert wird und dass der Kranke, Behinderte und Sterbende doch bitte schön nicht das Kapital der Gesunden und Jungen aufzehren soll?

Im April 2010 belegte erstmals eine Studie (des internationalen Wissenschaftsverbundes Population Europe, Berlin), dass der demografische Wandel die Solidarität der Generationen gefährdet. Danach hängen Einstellungen zur Familien- und Rentenpolitik davon ab, wie alt die Befragten sind und ob sie Kinder oder Enkelkinder haben. Wo der Nachwuchs fehlt, schwindet die Bereitschaft, an Jüngere zu denken. Die Gefahr von Verteilungskämpfen zulasten junger Generationen kann also zunehmen, wenn die Gesellschaft altert und mehr Menschen keine Kinder haben. Der (Über-)Lebenswert wird also zum Rechenexempel.

Bereits 1895 plädierte Adolf Jost in seinen »Socialen Studien« für das Recht auf den Tod, für die Freigabe der Vernichtung lebensunwerten Lebens: »Es kann keinem Zweifel unterliegen, daß es thatsächlich Fälle giebt, in welchen, mathematisch gesprochen, der Werth eines Menschenlebens negativ wird. In diesem Falle haben wir also thatsächlich ein Recht auf den Tod principiell anzuerkennen.« Es war auch diese »ökonomische Einstellung«, die für die Euthanasie im Dritten Reich von fundamentaler Bedeutung war.

Die Diskussion um den deutschen Zweig der Schweizer Organisation »Dignitas« (bezeichnenderweise das lateinische Wort für »Würde«!), die Beratung, Begleitung und Beihilfe zum Selbstmord anbietet, erreichte in den ersten Jahren des neuen Jahrtausends nicht nur die Talkshows. Gerichte und der Bundestag entschieden darüber, ob solche Formen von »Lebensbegleitung« mit unserem Grundgesetz und den Wertvorstellungen unserer Kultur vereinbar sind. Letztlich geht es um die fatale Frage, ob und wann ein Leben es wert ist, weggeworfen zu werden.

Wie brisant diese Fragen sind, zeigt die aktuelle Debatte um eine Neudefinition des Begriffs Menschenwürde. Manche sprechen inzwischen von einer »abgestuften Menschenwürde«, die Freiheit, Handlungsfähigkeit, Bewusstsein oder Jugendlichkeit mit einbezieht. Sind diese Kriterien nicht erfüllt, wird schnell statt von einem menschenwürdigen Leben vom menschenwürdigen Sterben gesprochen.

Wohin das führt, erleben wir in Holland hautnah. Während wir in Deutschland (begründet und zu Recht) für Patientenverfügungen werben, haben die Niederländer längst eine »Credo-Card« in der Tasche, eine notarielle »Lebenswunsch-Erklärung«. Denn durch das als Liberalisierung gefeierte Sterbehilfe-Recht müssen immer mehr Menschen durch die Hand eines Arztes nicht auf eigenen Wunsch sterben, sondern auf den ihrer Angehörigen (oder Erben!) hin. Die ohnehin unbestimmten Begriffe »unerträgliches und aussichtsloses Leiden« dienen inzwischen sogar dazu, die Tötung eines Alzheimer-Patienten im Frühstadium(!) der Krankheit zu rechtfertigen. Die liberale »Süddeutsche Zeitung« kommentierte, in Holland sei man seines Lebens nicht mehr sicher. Das gilt für jede Gesetzgebung, die den Menschen zum Maß aller Dinge macht. Wann immer in der Welt einer nicht mehr weiß, dass er höchstens der Zweite ist, da ist bald der Teufel los. Der Philosoph Max Scheler nennt es »metaphysischen Leichtsinn« zu meinen, der Mensch könne alles selbst und brauche Gott nicht.

Wer weniger sagt als »Bild Gottes«, der weiß im Tiefsten nichts vom Menschen. Denn das ist Gottes Zusage an uns: »Du bist mein Ebenbild. Du bist mein Partner.« Ganz gleich, ob gesund oder behindert, dynamisch jung oder pflegebedürftig gebrechlich ...

Wehret den Anfängen

Was den Menschen auch immer von anderen Kreaturen unterscheidet, eines hat er mit ihnen gemeinsam, und zwar das, was ihn von Gott unterscheidet: Er ist geschaffen. Wie alle andere Kreatur ist er unselbstständiges Sein, Geschöpf. Damit ist jede eigene Anmaßung ausgeschlossen, weil das Geschöpf nur in Beziehung zum Schöpfer gedacht werden kann. Und der hat in seiner »Bedienungsanleitung« nun mal beschlossen, jedem Leben einen einzigartigen Wert zu geben, der von niemandem (auch von sich selbst im Sinne von Selbst-Mord) infrage gestellt werden kann.

Diese bewahrende Konsequenz für den Lebensschutz sollten auch diejenigen bedenken, die in der Debatte um Schöpfung und/oder Evolution allzu schnell über die spotten, denen die ersten Blätter der Bibel genauso glaubwürdig erscheinen wie die Bergpredigt oder das Gebot der Feindesliebe. Wer Gott als »Schöpfer des Himmels und der Erde« mit dem weltumspannenden Glaubensbekenntnis der Kirchen anerkennt, der mag zwar für naiv gehalten werden, ist jedoch für eine ganze Gesellschaft Garant des Lebens und seines unveräußerlichen Wertes.

Dort, wo Christen schweigen, beginnt die wahre Bedrohung. Nicht dort, wo sie mutig, entschlossen und unerschrocken dem Zeitgeist ewige Werte entgegensetzen. So schreibt der intellektuell von der 1968er-Zeit geprägte Herausgeber der »Welt am Sonntag«, Thomas Schmid, in seinem Leitartikel zu Ostern 2010: »Die Kirche muss und darf sich nicht dem Geist der Zeit anpassen. Sie lebt von der Distanz zu ihm; wenn irgendetwas sie anziehend macht, dann das.« Der Dichter Reinhold Schneider, der in den Schrecken des Zweiten Weltkrieges und des barbarischen Holocausts Millionen zum Trost wurde, mahnt nach 1945 geradezu selbstanklagend: »Vielleicht ist das Versagen der Beter der Anfang des großen Unheils gewesen.«

Das ist keine fromme Lyrik, das hat gewaltige Konsequenzen. Wären wir von der »Schöpfung Mensch« und nicht von dem selbstgerechten Selbst-Erschaffer ausgegangen, die dunkelsten Kapitel der Menschheitsgeschichte wären uns erspart geblieben. Allein die Rassengesetze der Nationalsozialisten sind erschreckender Beweis, was Ideologen anrichten, wenn sie sich selber als

Wert-Setzer aufspielen. Ebenbilder Gottes (die Bibel nennt die Juden sogar »Gottes Augapfel« [Sacharja 2,12]) tastet niemand an, weil er niemals auf die Idee käme, zwischen lebenswert und lebensunwert zu unterscheiden oder Menschen nach Rassen, Klassen oder Religionen einzuteilen!

In der furchtbaren Nazizeit hat sich der arische Wundermensch zu seinem eigenen Gott gemacht. Das Ende kennen wir. Im Mai 1936 schrieb die Bekennende Kirche an Hitler: »Unser Volk droht die ihm von Gott gesetzten Schranken zu zerbrechen. Es will sich selbst zum Maß aller Dinge machen. Das ist menschliche Überheblichkeit, die sich gegen Gott empört.« Der katholische Religionsphilosoph Romano Guardini fragt im Blick auf die Wissenschaftsethik ironisch-besorgt: »Wird der Mensch der Technik nachwachsen?« Die Erkenntnis von Novalis hat sich heute ins Gegenteil verkehrt: »Ein Schritt in der Technik erfordert drei Schritte in der Ethik.«

In der aktuellen Diskussion über die Milliardenkosten für Demente und Pflegefälle in einer dramatisch alternden Gesellschaft werden wir noch froh sein über Menschen, denen das Leben im wahrsten Wortsinn »heilig« ist, nämlich unantastbar, weil Gott gehörend. Die Frage, wie viel Pflegebedürftigkeit wir uns künftig leisten können und wollen, wird zur drängenden und dringenden Grundfrage unserer Gesellschaft.

Das geht an die Wurzeln unserer Existenz, weil wir an der radikalen Grundentscheidung nicht vorbeikommen, ob wir Altern und Sterben, aber auch Behinderung und (Über-)Lebensfähigkeit nach Euro und Cent taxieren wollen oder Lebenswert und Würde vor der Bezahlbarkeit stehen. Dasselbe gilt für die Debatte um Bioethik, Spätabtreibungen, Embryonenforschung oder Präimplantationsdiagnostik (PID). Im Blick auf die verheerende Geschichte des deutschen Volkes kann man nur eindringlich warnen: Wehret den Anfängen!

Für das Klima einer Gesellschaft ist es auch nicht unerheblich, ob es vom Geist einer Evolutionstheorie bestimmt wird, die mit Charles Darwin (»Kampf ums Dasein«) die Entwicklungsgeschichte vereinfacht so beschreibt: Der Stärkere setzt sich durch. Da kann man nur antworten: Dann gnade uns Gott! Ganz abgesehen von naturwissenschaftlichen Fragen, die andere kompetenter erörtern können: Welch anderen Geist atmen da doch Psalm 8 oder die Bergpredigt!

Welch eine Befreiung ist die Botschaft eines Gottes, der erschafft, erhält und erlöst.

Wert und Würde

Technologischer Fortschritt und wissenschaftliche Forschung sind heute untrennbar mit dem Wunsch verbunden, das Humanum, den Menschen in eigener Verantwortung und nach eigenem Gutdünken zu definieren. Beim »Turmbau zu Babel« (1. Mose 11) hieß das: sich einen Namen machen. Die Vermessenheit liegt heute nicht darin, Gott zu spielen. Gott als Freund des Lebens hat Freude am medizinischen Fortschritt und am Bauen. Das Übel liegt nicht im »Turm-Machen« sondern im »Namen-Machen«. Eine solche Missachtung des Namens und der Würde, die Gott uns gegeben hat, ist Verrat an der Majestät und der Barmherzigkeit Gottes.

Es ist barmherzig und verleiht dem Menschen Würde, dass ihm untersagt ist, sich selbst zu definieren. Das gilt auch für die Frage nach dem Beginn des menschlichen Lebens. Die Bibel argumentiert klar, zum Beispiel in Psalm 8. Das Leben ist bereits »im Dunkel von Gott gesehen und geformt« (Psalm 139,15f.). Andernfalls brauchte man Kriterien für den Punkt, an dem der Übergang von »etwas« zu »jemand« markiert werden kann (Robert Spaemann).

Die Besonderheit des menschlichen Lebens liegt nach Sicht der Bibel darin, dass er nicht nur von Gott, sondern in und zu Gott geschaffen ist. Durch die Zusage Gottes »Du bist mein Ebenbild« unterscheiden wir uns grundsätzlich von aller anderen Kreatur.

Und hier müssen wir »Zusage« ganz wörtlich nehmen. Gott »ruft« ins Dasein (1. Mose 1,3ff; Römer 4,17), was allein beim Menschen im Sinne des Wortes zutrifft: Dem Anruf Gottes steht die Antwort des Menschen gegenüber. Von daher haben wir ein verantwortliches Leben. Wir stehen in einem Ich-Du-Verhältnis zu Gott. Genau hier erfährt der Mensch seinen einzigartigen Wert. Herausgehoben aus aller anderen Kreatur, herausgehoben aber auch aus der Menschenmasse.

Das ist die Individualität des Menschen, dass er aus der Personalität Gottes sein eigenes Personsein, ja erst seine eigene Persönlichkeit und Würde erhält. Würde erfährt ihre Begründung darin, dass der Mensch als Gedanke Gottes gesehen wird, der ihn mit Namen kennt und ruft (Psalm 8,4 und Jesaja 43,1). Die grundsätzliche Unterscheidung von Wert und Würde definiert

Immanuel Kant: »Was einen Preis hat, an dessen Stelle kann auch etwas anderes als Äquivalent gesetzt werden; was dagegen über allen Preis erhaben ist, mithin kein Äquivalent verstattet, das hat eine Würde.« Der Mensch ist also kein austauschbares Objekt, kein Rädchen im Getriebe der Zeit, sondern einzigartiges, einmaliges Subjekt.

Jeder Einzelne steht als Individuum vor Gott. Er ist durch Gottes »Anruf« sein Ebenbild geworden und hat sich seinem Schöpfer dafür zu verantworten. Bei Gott gibt es keinen Kollektivwert, der die Masse zu Marionetten macht. Aber auch keinen falschen Egoismus, der den Eigenwert über den der anderen hebt. Gerade aus der Ebenbildlichkeit des Menschen zu Gott ergibt sich das Offensein für den Mitmenschen. Denn der Nächste hat ja an der gleichen Gottesebenbildlichkeit teil.

Was wäre uns in der Vergangenheit erspart geblieben, was könnte aus der Gegenwart werden, wenn wir diesen Gedanken einmal aktuell und vorurteilsfrei zu Ende denken! Unser Nächster, das ist eben auch der Schwache, der Hilflose, der Alte und Pflegebedürftige. Menschen mit Wert und Würde. Nelson Mandela bringt es auf die Formel: »Die Humanität einer Gesellschaft erkennt man daran, wie sie mit Kindern und Alten umgeht.« Die Frage der Schöpfung ist eben kein fundamentalistischer Kreationismus, wie Bestseller oder Titelgeschichten von Meinungsmagazinen höhnen, sie hält stellvertretend selbst für eine gottlose Gesellschaft Gottes Maßstäbe für den Lebenswert am Leben.

Jeder Mensch hat seinen persönlichen Wert darin, dass er Gottes Ebenbild ist und damit in ein ganz besonderes Verhältnis gesetzt ist: Gott verantwortlich und dem Nächsten verpflichtet.

Aus diesem Gedanken heraus haben die Väter und Mütter des Grundgesetzes unserer Verfassung den Vorsatz, die Präambel, gegeben: »In Verantwortung vor Gott und den Menschen ...« Sie hatten in der barbarischen nationalsozialistischen Diktatur die bestialischen Folgen der brutalen Selbstvergötzung des Menschen erlebt. Sie wussten um die Zerstörungskraft eines Staates, der Werte korrumpiert und für sich jede Grenze ablehnt. Sie hatten in die Abgründe des Menschenmöglichen geschaut.

Ausdrücklich wird dies in der Präambel der Verfassung des Freistaats Bayern erwähnt: »Angesichts des Trümmerfeldes, zu dem eine

Staats- und Gesellschaftsordnung ohne Gott, ohne Gewissen und ohne Achtung vor der Würde des Menschen die Überlebenden des Zweiten Weltkriegs geführt hat ...«. Diese Verantwortung vor Gott und den Menschen ist die »Leitkultur, eine Kultur, die uns leitet« (Bundestagspräsident Norbert Lammert). Der Karlsruher Bundesverfassungsrichter Udo Di Fabio meint: »Die Präambel hat nach dem Ende der Nazi-Diktatur vor allem eine tiefe historische Erfahrung zum Ausdruck gebracht: dass im Grunde jeder Totalitarismus religionsfeindliche Wurzeln hat.«

Der Mensch steht in Beziehung zu Gott. Ob er das wahrhaben will oder nicht. Leider weist er gerade das oft von sich, was zwei fatale Folgen hat. Zum einen wird er nie seinen großartigen Lebenswert erkennen, jede (körperliche, gesundheitliche, geistige) Einschränkung als existenzbedrohend empfinden und dauernd im Abseits bleiben. Zum anderen wird er dann, wenn Gott ihn zur letzten Verantwortung zieht, ins Abseits gestellt – ewig. Das ist kein Bangemachen vor dem Jüngsten Gericht, das ist die alte Erfahrung: Das Wissen um das Lebensziel bestimmt den Lebensweg. Und wer weiß, dass er einmal alles zu verantworten hat, wird sich hüten, unter Wert (also wertlos und von Werten los) zu leben und zu handeln.

Genau deshalb nennt Papst Benedikt XVI. in seiner auch für Protestanten bedenkenswerten Enzyklika »Spe salvi – Auf Hoffnung hin gerettet« (30.11.2007) Christus nicht nur den Retter, sondern auch den Richter: »Vor seinem Anblick im letzten Gericht schmilzt alle Unwahrheit. Er selbst ist reine Rettung, und wer bei ihm steht, steht im Raum der Rettung und des Heils. Das Unheil wird nicht von ihm verhängt, sondern es besteht da, wo der Mensch von ihm ferne geblieben ist; es entsteht durch das Verbleiben im Eigenen.« Das Angebot des Heils in Christus werde dann sichtbar machen, dass der Verlorene selbst (!) die Grenze gezogen hat und sich vom Heil trennte. Und dieses Heil, von dem der Papst (auch ganz im Sinne Luthers!) spricht, ist kein frommer Selbstzweck, sondern schließt den umfassenden Lebenswert mit ein: Denn Christus sagt, dass er gekommen sei, »damit wir Leben und volle Genüge haben« (Johannes 10,10). Mehr gibt es nicht, aber mit weniger sollten wir uns nicht zufriedengeben!

Todeskandidaten

Die Bibel hat kein fest umrissenes Menschenbild. Vielmehr zeigt sie sein Wesen unter verschiedenen Aspekten, in wechselnden Bezügen. Man könnte das mit einer »Wertpyramide« vergleichen. Der Mensch ist wie ein hierarchisch gebautes »System«, ein Entwurf Gottes.

Wir sind zuallererst endliche Wesen. Aus Erde geschaffen, werden wir auch wieder zu Erde. So groß der Mensch auch angelegt ist von Gott, so klein bleibt er doch vor ihm. Gott setzt meiner Existenz Grenzen. Er setzt meinem Leben ein Ende. Aus Staub geformt, zu dem der Mensch zurückkehrt. Das hebräische, biblische Wort für Mensch (enosch) bedeutet nicht einfach allgemein Mensch, es schließt gerade dessen Schwäche, Hinfälligkeit und Sterblichkeit ein. Umso größer ist ja das Staunen des Psalmbeters: »Was ist der Mensch, dass du seiner gedenkst, und des Menschen Kind, dass du dich seiner annimmst?« (Psalm 8,5). Ein Mensch nämlich, der krank und schwach werden kann und einmal sterben muss. Er ist ein Kandidat des Todes. Der Mensch wird geboren, um zu sterben.

Die Konfrontation mit dem Tod gehört in unser Leben hinein. Wir verdrängen das gerne in unserer Fitness- und Wellness-Gesellschaft, die nur auf Dynamik und Wohlfühlen an- und ausgelegt ist. Deshalb ist das Staunen von Stöhnen abgelöst worden, von Schinden und Quälen durch Diäten und Trimm-dich.

Der Psychotherapeut und Theologe Manfred Lütz spricht vom »Gesundheitswahn als neuer Religion einer glaubensfernen Gesellschaft. Der Gesundheitskult gleicht dem Tanz um das Goldene Kalb, bei dem die Ärzte als Halbgötter verehrt werden.« Es gebe inzwischen mehr Mitglieder in Fitnessstudios als Gottesdienstbesucher in den Kirchen. Glück und Gesundheit würden zu einer Art Heil hochstilisiert, das es hier und heute uneingeschränkt zu erreichen gelte. Dass der Mensch jedoch ein vergängliches Wesen ist, wird durch einen wahren Fitness-Kult überspielt und verdrängt, der nach Ansicht des Bestsellerautors statt lebenserhaltend in Wahrheit lebensgefährlich ist. Der Arzt und Kabarettist Eckart von Hirschhausen nennt es »Ersatzreligion Gesundheitswahn«.

Der Tod wird ganz konkret aus dem Leben verbannt, er wird aus der Wohnung in die Intensivstation verlegt. Selbst das Altern der Eltern können viele nicht mit ansehen. Aber dafür gibt es dann ja »Seniorenruhesitze«, wie wir das Altersheim hilflos neu etikettieren. Der natürliche Verfall des Menschen wird kosmetisch verschleiert. Eine ganze Industrie lebt davon.

Von der nackten Angst vor dem Tod lässt sich gut leben. Die Mode, die Unterhaltung, die Freizeit- und Spaßindustrie lassen sich viel einfallen, um zu einem hohen Preis die Vergänglichkeit vergessen zu machen. Auch um den Preis, dass wir vergessen, dass der Tod Teil des Lebens ist. Denn trotz aller Maskerade gilt: Wir sind Kandidaten des Todes. Diese Wahrheit erschreckt die meisten. Das Verdrängen ist eine Dummheit, die wir teuer bezahlen müssen. Realistisch mahnt das uralte Psalmgebet der Bibel zur Klugheit: »Herr, lehre uns bedenken, dass wir sterben müssen, auf dass wir klug werden« (Psalm 90,12).

Gebrauchsanweisung für die Schöpfung

Eine weitere Tatsache charakterisiert uns: Der Mensch gehört ins Biologiebuch. Er ist nämlich ein Lebewesen, gesteuert von Trieben und Hormonen, mit Durst und Hunger wie alle anderen Lebewesen auch.

Aber Gott hebt dieses Erd- und Lebewesen Mensch aus aller Kreatur heraus. Der Mensch ist mehr als bloße 68 Prozent Wasser, 20 Prozent Kohlenstoff, 6 Prozent Sauerstoff und 4 Prozent Aschebestandteile. Er ist Mandatsträger Gottes. Er »bebaut und bewahrt« (1. Mose 2,15) diese Welt, er gestaltet und verwaltet. Gott überträgt Verantwortung, aber er bleibt der »Chef«. Dem Menschen gibt er jedoch die Position des Geschäftsführers. Und das ist kein Job, sondern ein Beruf. Zu unserem Geschöpfsein gehört die Berufung Gottes, über die Kreatur zu »herrschen«.

Von daher entwickelte Martin Luther in der Reformation auch sein biblisches Berufsethos. Nicht nur der geistliche Stand sollte, wie damals üblich, als Beruf(ung) gelten, sondern alles, was Christen im Auftrag Gottes, also als Gottesdienst, als Mandatsträger Gottes, tun, das ist »Beruf«. Wie aktuell solch uralte Wert-Setzungen und Wert-Schätzungen menschlicher Arbeit sind, zeigt sich in einer angemessenen Beurteilung von Arbeitslosigkeit, vor allem Langzeit-Arbeitslosigkeit, die ja eine psychische (und nicht nur materielle) Not für die Betroffenen bedeutet. Wer Arbeit will und keine findet, kommt sich oft nutz- und wertlos vor.

Auch die aktuelle Klimakatastrophe und die generelle Umweltverantwortung bekommt vor dem Hintergrund »Mandatsträger Gottes« eine radikale, also an die Wurzel gehende Grundbedeutung. Der Einsatz für die Schöpfung sollte für Menschen, die die Bibel ernst nehmen, selbstverständlich sein. Wem der Himmel gewiss ist, dem darf die Erde nicht gleichgültig sein. Und wer sich den Himmel nicht mehr verdienen muss durch selbstbezogene Höchstleistungen, der kann anderen dienen. Die Bibel ist also alles andere als ein verstaubter Ladenhüter mit antiquierten Geschichtchen! In seiner »Gebrauchsanweisung für die Schöpfung« bietet Gott gültige Normen und Werte von brennender Aktualität.

So ist auch die Beherrschung der Naturkräfte von Gott gewollt. Er zwingt seine Gebote niemandem auf, bietet sie uns jedoch als Angebote zum (Über-)Leben an. »Ein an die Norm des Glaubens und der Wahrheit gebundener Verstand lässt menschliches Denken und Handeln erst vernünftig und segensreich werden« (Papst Benedikt XVI.). Jedoch wird dann aus Segen Fluch, wenn das Geschöpf seinen Auftraggeber vergisst und ihm Naturkräfte und Forschergeist aus der Hand gleiten. Die bittere Erfahrung, die Alfred Nobel mit dem Dynamit, Otto Hahn mit der Atomkernspaltung und Andrej Sacharow mit der Wasserstoffbombe machen mussten, umreißt der Physiker und Nobelpreisträger Werner Heisenberg richtig: »Die Naturwissenschaft in den Händen autonomer Menschen macht uns kaputt.«

In jeder Erfindung liegen Segen und Fluch, es kommt drauf an, was der Mensch damit macht. Das Küchenmesser ist eben zum Kartoffelschälen da, nicht als Mordwaffe. Segensreiche Entwicklungen der Technik werden Instrumente des Krieges und der Zerstörung, wenn sie Leuten in die Hände fallen, die ohne Bindung an Werte, Gott und Gewissen leben und handeln. Eine Einsicht, die Albert Einstein dazu veranlasste, bestimmte Erfindungen unveröffentlicht mit ins Grab zu nehmen.

Aber überhebt sich damit nicht Religion, ja das Christentum und die Christen gegenüber anderen Zeitgenossen, die meinen, ohne Glauben auskommen zu können? Gibt es wirklich nur in Bindung an Gott die Freiheit zu Ethik und Moral? Interessant, was der Spitzenmann der früheren sozialistischen SED/PDS, der heutigen Partei »Die Linke«, Gregor Gysi sagt: Moralische Grundsätze könnten nur aus der Religion kommen, deshalb hätten die christlichen Kirchen fundamentale Bedeutung für Normen und Werte, meinte er 2009 in der ZDF-Talkshow »Johannes B. Kerner«. Ohne Glauben gäbe es derzeit gesellschaftlich »keine Grundlage für allgemein verbindliche Moralnormen«, so Gysi 2010 in der Zeitschrift »Kompass«.

Deshalb hat der ehemalige Bundespräsident Horst Köhler recht, als er seine religiöse Eidesleistung ausdrücklich in seiner Antrittsrede im Reichstag 2004 so begründete: »Meinen Amtseid verstehe ich als Verpflichtung, zur Erneuerung Deutschlands beizutragen. Persönlicher Kompass ist mir dabei mein christliches Menschenbild und das Bewusstsein, dass menschliches Tun am Ende immer vorläufiges Tun ist.«

Der bedeutende britisch-irische Denker C. S.

Lewis analysierte messerscharf: »Die Beseitigung des Christlichen führt zur Abschaffung des Menschen.« Ohne Bindung an Gott gibt es keine Freiheit für den Menschen, auch keine Freiheit von falsch gesetzten Wertmaßstäben. Humanität ohne Divinität führt zur Bestialität, wenn nämlich Individualität letzte Autorität hat. »Wenn Gott nicht existiert, ist alles erlaubt« (Dostojewski). »Die christliche Ethik ist keine Sonderlast für Christen, sondern ein Bollwerk gegen die Abschaffung des Menschen«, beschreibt Papst Benedikt XVI. die »Dienstleistung« des Glaubens an der Gesellschaft.

»Hielten wir uns an die Zehn Gebote, wir hätten ein anderes Land«, meinte Altbundespräsident Roman Herzog. Deshalb wundert sich der Präsident des Polizeipräsidiums Schwaben, Klaus Waltrich, zu Recht, warum »nach spektakulären Amokläufen die unterschiedlichsten Experten Erklärungs- und Lösungsansätze entwickeln, aber keiner wahrnehmbar an das Fünfte Gebot erinnert: ›Du sollst nicht töten!‹«

Allein geht man ein

Wem Gott ein Amt, einen Auftrag, ein Mandat gibt, dem gibt er auch Verstand. Bis heute frage ich mich, warum dieses tiefsinnige Wort ausgerechnet von parlamentarischen Mandatsträgern belächelt wird. Es stimmt! Der Mensch ist ein denkendes Wesen. Er ist begabt mit Vernunft. Lesen Sie genau: be-gabt. Vernunft und Verstand sind eine Gabe Gottes. Dem Denken gebührt weder Mittelpunktstellung noch autonome Selbstständigkeit. Der Verstand ist eingeordnet in die Beziehung des Menschen zu Gott. Er hat sich zu verantworten, hat Antwort zu geben auf die Maßstäbe des Schöpfers. »Mein Verstand soll den Menschen nützen, hat sich aber vor Gott zu verantworten«, sagte einmal der bedeutende deutsch-amerikanische Raketenforscher Wernher von Braun. Dem Mandatsträger Mensch wird zur Ausübung seines »Amtes« Verstand mitgegeben. Der Mensch soll denken. Erst in der Bindung an die Vernunft Gottes kommt die Freiheit des Geistes zur Entfaltung.

Einen weiteren Wert ordnet die Bibel dem Menschen zu. Er wird als Sozialwesen verstanden, als Gesellschaftswesen. Und das ist keine Erfindung des Marxismus, sondern eine Wertsetzung Gottes: »Es ist nicht gut, dass der Mensch allein sei« (1. Mose 2,18). Gott stellt uns in einen Lebenszusammenhang mit unseren Mitmenschen. Jeder hat dabei jedoch in sich seinen Individualwert. Aber als Menschen gehören wir zusammen. Die Krönung zwischenmenschlicher Beziehungen ist die von Gott verordnete Ehe als besondere Verbindung zweier Menschen.

Allein geht man ein – diese schlichte Einsicht moderner Psychologie findet ihre Antwort bereits auf den ersten Blättern der Bibel. Nicht als Solist und Individualist, nur in Gemeinschaft wird der Mensch zum Menschen, zum Sozialwesen. Der Rückzug ins Private, die Krise des Ehrenamtes und die Selbstverwirklichung als oberstes Leitziel sind ein beredtes Beispiel unserer Gott-Vergessenheit. Wir holen aus unserem Leben viel zu wenig heraus und geben in unsere Gesellschaft viel zu wenig hinein, wenn wir den Konstrukteur der Schöpfung und den Bergprediger zur Rechten Gottes links liegen lassen. Wertvoll sind wir, weil wir als denkende, vernunftbegabte Mandatsträger und Sozialwesen geschaffen sind.

Das alles sind wir als Wesen vor Gott, als Ebenbilder des Schöpfers. Diese Gottesbeziehung ist die Spitze der »Hierarchie«. Von hier aus wird alles eingeordnet. Nur dies bewahrt uns vor der Überbewertung oder gar Absolutsetzung einzelner menschlicher Lebensbereiche. Aber auch vor Unterbewertung und dem Gefühl der Minderwertigkeit. Der Mensch ist ein Entwurf Gottes. Allein in Verbindung mit ihm kann er seine Funktionen richtig erkennen, einordnen und ausüben.

Gottes Wertsetzung überragt damit alle anderen, auch und gerade die idealistischen Wertsetzungen des Menschen. Wer das Leben nur als ein Stück Natur, als bloßes »Bios« bewertet, sieht zwar im Menschen die höchstentwickelte Materie, aber er wird dann, wenn die Organe nicht mehr richtig funktionieren, den Unwert dieses Lebens proklamieren. Ein Rückblick in unsere Geschichte zeigt, wohin das führt.

Genauso wird die Betonung individueller und bindungsloser Eigenständigkeit und absoluter Autonomie zu einer falschen Bestimmung des Menschen führen. Auch wenn man dies mit dem schillernden Begriff »liberal« kennzeichnet, sind »Rechte« auf Freitod, Euthanasie und Abtreibung letztlich logische Folge. Im erschreckenden Einsehen, dass der Mensch das Nachsehen hat, wenn wir uns nicht vorsehen, sagen Parteien und Weltanschauungen quer durch alle Lager inzwischen dem Eingriff in das Leben den Kampf an. Wer will schon eine Gesellschaft, in der nur das »funktionierende« Leben Lebensrecht hat, aber das behinderte oder kranke auf der Strecke bleibt?!

Die marxistische Kollektivbeurteilung sagt ebenfalls zu wenig über den Menschen aus. Hier gelten Entpersönlichung, Unfreiheit und Gewissensknechtung. Denn nur der ist lebenswert, der dem Kollektiv, dem Volk und der Klasse nützt. Die aktuelle Debatte um Darwinismus und Evolutionismus hat ihre Wurzeln auch darin, dass man den Lebenssinn aus Nützlichkeit bestimmen will und damit dem Wert des Menschen letztlich nicht gerecht wird.

Hier scheitert die darwinistische Evolutions-Ideologie, auch wenn sie noch so scharfsinnig begründet und starrsinnig vertreten wird. Jenseits allen naturwissenschaftlichen Streites ist die Lehre von der Schöpfung schon deshalb jeder anderen Interpretation des Menschen vorzuziehen, weil sie dem Einzelnen seinen unantastbaren Wert gibt. Menschenwürde und Menschenrechte sind im Herrschaftsbereich des Kommunismus und des Islamismus immer Fremdwörter gewesen.

Wer die biblische Bestimmung des Menschen spöttisch abtut, weiß nicht, was er dem Menschen und unserer Gesellschaft antut! Nochmals: Die Präambel unseres Grundgesetzes »In Verantwortung vor Gott und den Menschen« ist Vorsatz und Voraussetzung für die daraus resultierenden Grundrechte: Menschenwürde, Menschenrechte, die Gleichwertigkeit von Mann und Frau und die Gleichheit vor dem Gesetz.

Wie hohl klingen doch ideologische Wertschätzungen gegenüber Gottes Wertsetzung: »Du bist mein Ebenbild.« Wir selbst können nur schätzen, was wir wohl wert sind. Der Schöpfer aber kann Werte setzen. Und diese Wertsetzung hält er nicht geheim, sondern spricht schon die ersten Menschen als seine Partner an. Der Mensch im Dialog mit Gott, der Mensch in Verantwortung vor seinem Schöpfer: Zusage und Antwort zugleich, Ver-Antwortung eben. Gottes Wertsetzung stempelt mich zu seinem Eigentum. Auf mir liegt als Siegel das einmalige Hoheitszeichen: »Du bist mein Eigentum, du gehörst zu mir, du hast absoluten Wert, den dir niemand nehmen kann und darf.«

Allein dieses Wissen um die Eigentumsrechte Gottes am Leben des Einzelnen haben Leute wie

Dietrich Bonhoeffer oder Sophie Scholl die Erniedrigung durch die Nazi-Ideologie bis hin zum Tod ertragen lassen. »Das ist das Ende. Für mich der Beginn des Lebens«, waren Bonhoeffers letzte Worte vor seiner Hinrichtung bei Kriegsende in Flossenbürg. Über Sophie Scholl berichtet ihre Biografin Barbara Beuys im Februar 2010: »Sie war eine Realistin, keine Träumerin. Sie zog das Denken dem Schwärmen vor. Diese Haltung resultierte aus einer Mischung von schwäbischem Pietismus und widerborstigem Familiengeist. Sie liest Augustinus und ringt um den rechten Glauben.«

Wie klar es im Widerstand gegen Hitler auch um die (Ent-)Scheidung zwischen Dämon und Gott ging, zeigen die Ereignisse rund um den 20. Juli 1944. In seinen bewegenden »Letzten Briefen« an seine am 1. Januar 2010 in den USA verstorbene Frau Freya benennt Helmuth James Graf von Moltke, Kopf des »Kreisauer Kreises«, kurz vor seiner Hinrichtung den wahren Grund seiner Verurteilung: »Das Bekenntnis zum Christentum ist das eigentliche Verbrechen, die Entscheidung zwischen Gott und Abgott.« Moltke selbst sieht darin die Erfüllung seines Lebenssinnes. Dazu habe Gott ihn berufen, darin liege der Wert seines Lebens, deshalb könne er »alt und lebenssatt« sterben, schreibt der erst 37-Jährige seiner jungen Frau im Abschiedsbrief vor seiner Hinrichtung 1945 in Plötzensee.

Prototyp als Superstar

Die Bibel kennt viele »Wertmesser«, die die Einmaligkeit unseres Lebens beschreiben. Es lohnt
sich, einmal den achten Psalm zu lesen. Oder
auch Psalm 139. Hier kann ein Geschöpf seinem
Schöpfer sagen (V. 14): »Ich danke dir dafür, dass
ich wunderbar gemacht bin.« Natürlich, denn es
ist ja schließlich sein Ebenbild.

Und doch fragen viele: »Gott, warum hast du
mich denn so gemacht? Warum habe ich nicht die
Gaben der anderen, die so gut reden, lernen oder
arbeiten können? Warum komme ich bei den anderen nicht so gut an? Gott, warum bin ich nicht
so schön und sympathisch? Bin ich überhaupt gewollt? Bin ich nicht doch ein unerwünschtes
Kind?« Denken wir noch einmal an Manfred zurück, von dem ich zu Anfang erzählte. Das ist sein
Problem. Das ist seine quälende Frage: Angst,
letztlich doch unerwünscht zu sein.

Ich darf in den Spiegel sehen: »Das bin ich,
Gottes Ebenbild.« Und ich darf in das Lob Davids
in Psalm 139 einstimmen: »Du, Herr, hast mich
wunderbar gemacht. Ehe an mich zu denken war,
hast du an mich gedacht. Ehe ich noch zum Leben

erwachte, hast du mich schon gekannt. Schon als Embryo hast du mich gesehen. Du hast meine Nieren, mein Innerstes, Privatestes gebildet. Du hast mich gemacht, gesehen und – geliebt!«

Gott hat keine unerwünschten Kinder! So wie ich bin, bin ich von dir gewollt. Mit meiner Einmaligkeit, mit meiner Erbmasse, mit meiner Begabung und meinen Mängeln und Grenzen. Gerade als diesen Menschen hast du mich gewollt. Ich bin nicht das gewählte Ergebnis von »Deutschland sucht den Superstar«, ich bin das geschaffene Erzeugnis eines liebenden Schöpfers mit einmaligem Wert! Ich muss es mir und den anderen nicht erst zeigen, was für ein toller Typ ich bin. Ich bin ja längst ein Prototyp.

Deshalb kann ich Ja zu mir selbst sagen. Die Gaben des anderen? Ich bin ich, von Gott so gewollt! Aussehen und Schönheit des anderen? Ich bin ich, von Gott so gewollt! Ich kann mich annehmen, wie ich bin. Minderwertigkeitskomplexe sind fehl am Platz, Selbstüberschätzung aber auch. Ich danke dir, Gott, dass ich wunderbar gemacht bin. Nicht als Dutzendware, nicht unerwünscht. Ich bin ein Original, ein Prototyp. Gott hat keine unerwünschten Kinder.

Wir hatten festgestellt: Gottes Wertsetzung

stempelt mich zu seinem Eigentum. »Du gehörst mir, du bist mein Eigentum, du hast absoluten Wert« – das ist Gottes Zusage an uns.

Zusage als Anfrage

Dahinter steckt die unausgesprochene Anfrage: Willst du das? Akzeptierst du das und reicht es dir? Die Verantwortung des Menschen vor Gott ist nichts Theoretisches. Hier wird zugesagt und Antwort erwartet. Gottes Ebenbilder sind keine hölzernen Puppen, keine Marionetten an göttlichen Fäden. Natürlich, der Mensch bleibt in seiner Hand, bleibt sein Gegenüber. Doch kein Roboter, keine Maschine. Er ist ein »Ich«.

Wesensmerkmal des Menschen ist die Möglichkeit der Entscheidung, die Ausübung des freien Willens. Gott lässt seinem Geschöpf die Wahl, auf seine Wertsetzung zu antworten. »Ich bin der Herr, dein Gott« (2. Mose 20,2). Damit ist der Mensch personal angeredet und auf Verantwortung angesprochen. Nicht zufällig folgen auf Gottes Anrede die Zehn Gebote. Damit wird von vornherein deutlich gemacht, dass dem menschlichen Zusammenleben – mit Gott und den Mitmenschen – Leitplanken gelegt werden. Genauso wie man Gebote befolgen kann oder nicht, kann ich Gottes Zusage an mich bejahen oder missachten.

Gottes Zusage steht ein für alle Mal fest. Steht meine Antwort noch aus? Das Schreckliche ist, dass der Mensch nie genug kriegen kann, dass er geradezu neurotisch die Extreme liebt und zwischen arroganter Vermessenheit und krankhaften Minderwertigkeitskomplexen hin- und herschwankt. Denn Gottes Zusage steht leider des Menschen Absage gegenüber.

Schlangenbeschwörung

Es hat dem Menschen von Anfang an nicht gereicht. Er hat nicht kapiert, dass der Schöpfungsakt Gottes (»Er schuf den Menschen zu seinem Bilde«) eine Würdigung, eine absolute Wertschätzung des Menschen ist. Er hat es als Demütigung empfunden. Und die Schlange im Paradies trifft genau ins Schwarze, wenn sie die ersten beiden Menschen negativ motiviert.

Da schleicht sich die unheimliche, hinterlistige Macht des Bösen schmeichelnd und doch brutal an den Menschen heran: »Ebenbild und Partner Gottes, darauf kannst du pfeifen. Da bleibst du doch dauernd unterdrückt. Da bist du nur am Gängelband. Da kannst du dich doch nicht frei entfalten.« Und so säuselt die Schlange in einem wohlklingenden und betörenden Akkord aus Marxismus, Humanismus, Aufklärung und Liberalismus: »Du musst dich emanzipieren. Bau doch auf deinen eigenen Verstand. Du trägst die Wahrheit in dir. Befreie dich doch aus diesen antiquierten, mittelalterlichen, frommen Ketten. Gottes Ebenbild? Du kannst doch viel mehr haben. Du kannst so sein wie Gott.«

Und schon der erste Mensch erteilt der Zusage Gottes eine radikale Absage. Das hat sich bis auf den heutigen Tag nicht geändert. Man will frei sein von Gott und selbst so sein wie Gott. Die Schlange lockt: »Ihr werdet sein wie Gott. Ihr werdet wissen, was Gut und Böse ist. Ihr werdet alles wissen.«

Und mit »wissen« ist im biblisch-hebräischen Denken keine Theorie gemeint, sondern praktisches Können. Es geht nicht darum, den Großen Brockhaus im Kopf, sondern die große, weite Welt im Griff zu haben. Ebenbild Gottes, das ist den Menschen zu wenig. Gott sein, das ist alles. Man möchte souverän selbst entscheiden, das Programm des Lebens selbst machen. Der Mensch, der große Selbermacher. Heute schwärmt man ja von den »Machern«, von den »Do-it-yourself-men«, von den politischen Pragmatikern. Meist gilt allerdings die alte satirische Weisheit von Mark Twain: »Als sie das Ziel aus den Augen verloren, verdoppelten sie ihre Anstrengungen.« Und es ist atemberaubend, was der Mensch alles machen kann. Der Mensch will autonom und autark sein, d. h. sein eigener Gesetzgeber und sich selbst genug.

Karl Marx hat einmal sinngemäß gesagt: »Solange der Mensch sein Dasein einem anderen verdankt, kann er nicht selbstständig sein. Und erst recht nicht, wenn der andere ihn geschaffen hat.« Die logische Folgerung aus diesem Satz ist: Will der Mensch selbstständig sein, auf seinen eigenen Füßen stehen, dann muss er aufhören, irgendeinem anderen irgendetwas zu verdanken. Dann muss er sich im Grunde selbst hervorbringen, sich selbst erzeugen. Von daher gibt es ja im Marxismus den abenteuerlichen Gedanken von der Selbsterschaffung des Menschen durch Arbeit. Danach hat sich der Mensch durch die Tätigkeit seiner Hände und seines Hirns aus der Tierwelt selbst emporgestemmt. Der Mensch hat sich selbst gemacht. Der Mensch, Schöpfer seiner selbst.

Der Mensch ist zu Eigenverantwortung und Eigeninitiative gerufen, das lehrt jede Management-Theorie und moderne Pädagogik. Das darf allerdings nicht heißen, dass man von keinerlei »Voraussetzungen lebt, die man selber nicht garantieren kann« (so der Verfassungsrechtler Ernst-Wolfgang Böckenförde im Blick auf den Staat). Man überfordert sich maßlos, wenn man den Maßstab verliert, an dem sich alles ausrichtet. Maß und Mitte braucht unsere Gesellschaft, um nicht an den sich selbst überschätzenden Individuen kaputtzugehen.

Von der ersten Generation an hat sich der Mensch von Gott losgelöst. Er hat sich abgesondert. Und das wird in der Bibel Sünde genannt. Und damit sind zunächst einmal keine einzelnen Unrechtstaten gemeint, sondern die Grundposition des Menschen. Sünde meint die Absage an Gott, das Dasein ohne Gott (Römer 3,23; Galater 4,8; Epheser 2,12). Sünde ist nicht das Nein zu einer Norm, sondern die Opposition gegen Gott (Römer 8,6f.; Kolosser 1,21; Jakobus 4,4).

Nur so sind die dämonischen Abgründe des Menschen im Tiefsten zu erklären, wie sie zum Beispiel in Auschwitz geschehen konnten. Eine menschengemachte Ideologie mit menschengedachten Maßstäben gaben Gott und seinen Werten und Worten eine radikale Absage, um sich selbst auf den Thron zu setzen und Millionen ins Verderben zu stürzen.

Das Thema Sünde hat kaum Konjunktur in unserer postmodernen Gesellschaft, auch nicht in Kirche und Theologie. Wir haben es verniedlicht und verharmlost (»Verkehrssünder«) oder zu der karnevalistischen Banalität, dass wir eben »alle kleine Sünderlein« seien. Wer allerdings der

Sünde ihre teuflische Radikalität nimmt, bleibt in seiner Diagnose an der Oberfläche und findet keine heilende Therapie.

Auch angesichts der Tatsache, dass in unserer Gesellschaft Gewalt immer jünger und immer brutaler wird, ist man inzwischen davon entfernt, sich über die biblische Tiefendiagnose lustig zu machen, nach der »das Trachten des menschlichen Herzens böse von Jugend auf ist« (1. Mose 8,21). Wir sehen doch die himmelschreienden Konsequenzen von Wohlstandsverwahrlosung und der Zukunftslosigkeit derer, die in einer Hartz-IV-Parallelgesellschaft aufwachsen, in der man keinen Elternteil im Arbeitsprozess erlebt hat.

Wie dramatisch dieses Tabuthema für unsere Gesellschaft geworden ist, zeigt die Tatsache, dass es ausgerechnet von einem Nachrichtenmagazin aufgegriffen wird, das nicht unbedingt für seine Nähe zu Kirche und Glauben bekannt ist. Zu Aschermittwoch 2010 machte der »Spiegel« den »Triumph der Sünde« zum Titelthema. Messerscharf analysiert Spiegel-Autor Matthias Matussek, wie Habgier, Prunk- und Genusssucht, Maßlosigkeit und Wollust unsere moderne Welt bestimmen.

»Weiß Deutschland nicht, dass Gott bei Sünde

keinen Spaß versteht?«, fragt der Autor und verschweigt nicht, dass man durch Jesus Christus Vergebung findet: »Gott kann keiner entfliehen. Ein gerechtes Gericht wartet.« Aus der Verzweiflung über die Sünde heraus helfe nur der »Sprung zu Gott«, wie der Philosoph Sören Kierkegaard Umkehr und Bekehrung nennt. Nur in glaubender Verbindung mit Gott sei dauerhaftes moralisches Handeln möglich, so steht es im »Spiegel« wie in der Bibel. Auch vor kritischen Journalisten macht die Erkenntnis also nicht Halt, dass die Gemütlichkeit zu Ende ist, wenn Gott zu reden beginnt und wir aufhören, auf ihn zu hören.

Das Maß aller Dinge

Diese Absage an Gott prägt unsere Welt und das Leben des einzelnen Menschen. Er ist autark geworden. Erst die Gesundheit, erst das Leben, erst die Karriere, erst die Gaben. Und wann kommt der Geber? Die Gaben werden genommen, der Geber wird vergessen. Das ist Sünde. Absage des Menschen an Gott. Gott sind wir los. Wir sind eine gottlose Gesellschaft geworden. Und das hat weitreichende Folgen. Wir verhandeln hier ja nicht ein paar religiöse Belanglosigkeiten.

Die Frage nach dem Lebenswert ist eben keine individuelle Schicksalsfrage, sondern hat immer auch Auswirkungen auf die Gesellschaft. Die Antwort prägt mein Verhalten anderen gegenüber. Welche Konsequenzen das haben kann, wurde einem Millionenpublikum beim Gladbecker Geiseldrama 1988 schaurig und live vorgeführt. Da sagte einer der Gangster, der später sein Opfer erschoss, vor laufender Kamera: »Mein Leben ist wertlos. Ich kann mich umbringen und andere gleich mit. Es ist mir alles egal.« Man denke nur an das Elend, das betrügerische Bankberater skrupellos in den Höhenflügen der »new economy« angerichtet haben, die kleinen Konto- und Hausbesitzern Abstürze ins existenzielle Nichts bescherten. Tragisch, wenn islamistische Selbstmordattentäter – wie beim Anschlag auf die Moskauer U-Bahn im April 2010 – ihre Untaten dann noch religiös überhöhen. Wer keinen Selbstwert kennt, wird für andere gefährlich. Nicht umsonst lautet die Gleichung der Bibel: »Liebe deinen Nächsten wie dich selbst.«

Emanzipation von Gott führt zur gnadenlosen Bindung an sich selbst. Der Leib versklavt uns. Was machen wir denn mit unserem Körper? Was fassen unsere Hände denn alles an? Wohin haben unsere Füße denn schon überall getreten? Die Seele und der Geist versklaven uns. Welche Gedanken sind es denn, denen du Tag und Nacht hinterhergehst? Neid und Hass versklaven uns. Autonomie führt zum Chaos. Wer Gott los sein will, geht die fatalste Bindung ein, die es gibt: die Bindung an sich selbst, das Geschöpf.

Der Mensch im Mittelpunkt. Friedrich Nietzsche entwirft den Übermenschen. Schon die alten Griechen formulierten: »Vieles Gewaltige lebt, doch nichts, was gewaltiger ist als der Mensch« (Sophokles in »Antigone«). Der Mensch, das Maß aller Dinge. Nach Ernst Bloch glich der Mensch »bisher einer Wurzel, die noch nicht geblüht hat«. Jetzt soll er Gott abschütteln und sich selbst verwirklichen. Was man bisher von Gott aussagte, wird auf den Menschen übertragen. Ich erhebe mich zum Abgott.

Ich setze mich selbst absolut. Und das geht immer schief. Ich kann doch mein eigenes Leben letztlich nie selbst überblicken und bestimmen. Das kann nur der Schöpfer, dessen Bild ich bin. Nur der Konstrukteur weiß, wie man leistungseffektiv und lebensschonend das Beste aus dem von ihm Geschaffenen machen kann. Warum wenden wir diese Erkenntnis in der Technik logisch und konsequent an, nur im eigenen Leben nicht? Bei einer ersetzbaren Waschmaschine handeln wir nach Bedienungsanleitung (des Konstrukteurs!), bei unserem einmaligen Leben nach eigenem Gutdünken ...

Muster ohne Wert

Die Emanzipation von Gott treibt heute seltsame Blüten. Der autonome Mensch kämpft verzweifelt gegen das Gefühl der Sinnlosigkeit. Schon junge Menschen spüren etwas von der unheimlichen Macht des Gedankens, dass ihr ganzes Leben umsonst sein könnte, obwohl es doch gerade erst begonnen hat. Tragisch, wenn Alte auf dem Sterbebett beklagen, dass eigentlich alles vergeblich war.

Aus uns heraus können wir unserem Leben keinen absoluten Wert setzen, er muss gesetzt werden. Jedoch sind wir immer wieder dabei, Teilbereiche unserer Existenz in den Mittelpunkt zu rücken und damit die Sinnfrage nach dem Ganzen zu überspielen. Aber es ist eigentlich logisch: Der Wert meines Lebens muss doch größer sein als der Wert eines Teiles, ja sogar der Summe aller Teile. Denn wenn ein Teil wertlos wird, würde damit ja auch mein Leben als solches ein »Muster ohne Wert«.

Als Grundgefühle unserer Zeit nennen die Psychologen Sinnlosigkeit und allgemeine Zielunsicherheit. Man weiß nicht, was das Leben soll und wohin es führt. Es fehlt die Perspektive, die das Weiterleben auch dann ermöglicht, wenn man in Teilbereichen des Lebens versagt. In »Wir Kinder des Methusalem« schreiben Le Compte und Parkinson: »Wer leben will, muss ein längerfristiges Ziel haben – mehr als eine Kreuzfahrt um die Welt nach der Pension, ein Amüsement für eine Woche, ein Buch für einen Monat. Eine Binsenweisheit, aber wie wenige halten sich daran!«

»That's the American way« (»Das ist die amerikanische Art«), mit diesen Worten zieht der 17-jährige Karim Thompson bei seiner Schulabschlussfeier in Waymouth (USA) einen Revolver aus seinem Anzug hervor und jagt sich vor rund 2000 Menschen eine Kugel durch den Kopf. Als er sich, vom eigenen Geschoss getroffen, am Boden krümmt, murmelt er noch: »Es gibt heute zu viele Probleme. Ich kann nicht mehr.«

Die Zahl derer, die mitten in unserer Überflussgesellschaft »nicht mehr können«, nimmt in atemberaubender Weise zu. Jährlich sterben in Deutschland mehr Menschen durch Selbstmord als bei Unfällen. Rund 14 000 sind es, die sich still pro Jahr selbst das Leben nehmen. Die Zahl der ganz jungen und der älteren Selbstmörder steigt dabei besonders stark, wie die traurigen

Statistiken ausweisen. Pro Jahr wird also eine Kleinstadt ausgelöscht.

Eine Schreckensmeldung ging um die Welt: Allein an einem Januarwochenende haben sich in der japanischen Hauptstadt Tokio elf Jugendliche das Leben genommen. Ihre Motive: »... weil ich nicht mit meinen Freunden ausgehen durfte ... weil ich keine neuen Skier bekam ... weil ich nicht mehr Klassenbeste bin ...« Ist das Leben wirklich wertlos, wenn einem die Erfüllung eigener Wünsche verwehrt bleibt?

Ein 17-jähriger Schüler, Sohn eines bekannten Millionärs, nimmt an einer Klassenfahrt teil. Während des Aufenthalts in Rom kommen zwei Carabinieri ganz aufgeregt zum Lehrer gelaufen: Sie hatten Jürgen tot aufgefunden, mit einem Strick aufgehängt. In seinem Abschiedsbrief schreibt der Junge, der in gutbürgerlichen Verhältnissen in einer »besseren Wohngegend« aufgewachsen ist: »Ich möchte nicht so werden wie mein Vater, der die Karriereleiter hochgestiegen ist und das Leben verpasst hat.« Der Lebenswert ist also mehr als Bankkonto und Berufserfolg.

»I hate myself and want to die« war einer der letzten Songs des Sängers Kurt Cobain von der amerikanischen Rockgruppe »Nirvana«. Ihr

Album »Nevermind« wurde zehn Millionen Mal verkauft. »Ich hasse mich und möchte am liebsten sterben« – für Kurt Cobain waren das keine leeren Worte. Auf dem Gipfel seines Ruhms setzte er sich 1994 eine Schrotflinte an den Kopf und brachte sich um. Er hatte die »Straße ohne Wiederkehr« erlebt: erst rackern für den Erfolg, dann der Rausch der Droge Ruhm, dann der Drogenrausch und dann das selbst gesetzte Ende. Der Lebenswert ist also doch mehr als die Summe aus Starruhm, Jugend und Lust.

Eine große Popzeitschrift kommentiert: »Gerade Rockmusiker haben einen Hang zur Selbstzerstörung, obwohl sie scheinbar alles haben: Geld, Ruhm, Spaß …« Übrigens: Um »Nachfolge-Selbstmorde« der Fans zu verhindern, verbreiteten die US-Medien bewusst abschreckende Details von der Leiche des Idols, das nur noch durch Fingerabdrücke identifiziert werden konnte.

»Die tödlichen Krisen der Manager«, titelte das politische Magazin »Focus« in seiner letzten Ausgabe 1995. In der Woche nach Weihnachten hatten sich drei Prominente das Leben genommen: ein Daimler-Benz-Manager, ein Landrat und ein Konzert- und Theatermanager. »Die triste

Winterzeit dürfte kaum verantwortlich sein«, heißt es in dem Artikel. Es seien die Lebenskrisen der drei gewesen, die wohl zum Selbstmord geführt hätten: Kündigung, Ehestress, Finanzprobleme. Wer nur Teilbereiche seines Lebens zum absoluten Wertmaßstab macht, der wird Pleiten und Enttäuschungen immer gleich als lebensbedrohend empfinden. Zu erinnern ist an den tragischen Selbstmord des Ulmer Industriellen Adolf Merckle, eines der reichsten Männer Europas, der sich 2009 vor einen Zug warf, als sein Imperium (u. a. »ratiopharm«) in eine dramatische Krise gekommen war. »Er hat einfach nicht mehr gekonnt«, meinte seine Witwe gegenüber der evangelischen Nachrichtenagentur »idea«.

Lebens-Mittel

Die Antwort auf die Frage »Was ist mein Leben wert?« muss also meine ganze Existenz umfassen und nicht nur einen Teilbereich. Es gibt Leute, die klammern sich an ihren Beruf, an Erfolg und Karriere, als mache das das Leben wertvoll. Was aber, wenn die Pensionsgrenze kommt, die Arbeitslosigkeit den Job wegradiert oder Krankheit die Karriereleiter beendet? Was ist, wenn Freundschaft oder Partnerschaft zerbricht, in der ich meinen Lebenswert sah? Wenn Kinder, in die ich Hoffnung setzte, andere Wege gehen? Ist mein Leben dann wertlos?

Mit diesem Thema hat sich der Weltkongress für Gerontologie beschäftigt. Die Experten, deren Fachgebiet das Alter bzw. das Älterwerden ist, sind der Frage nachgegangen: Warum nehmen sich vor allem in den westlichen Industrie- und Wohlstandsstaaten so viele alte Leute das Leben? Zwei Antworten sind bemerkenswert. Einmal, dass alte Menschen in unseren Single- oder Ein-Kind-Haushalten keinen Platz mehr haben und im »Lebensabschnittsgefährtenkult« gar nicht mehr vorkommen. Letztlich aber, so sagen die Experten aus Soziologie und Medizin, habe die hohe Selbstmordrate auch ihren Grund darin, dass die Menschen ihren Lebenswert völlig falsch taxieren. Es bedeute nämlich für jemanden, der sein Leben immer nur danach bewertet hat, dass es immer schöner und besser wird – von Jahr zu Jahr, von Beförderung zu Beförderung, von Tarifabschluss zu Tarifabschluss immer besser –, eine psychische Katastrophe, wenn sich die Kurve zu neigen beginnt. Leben muss also mehr sein als das, was ich daraus machen kann. Der russische Philosoph Berdjajew bringt es auf den Punkt: »Ich darf die Mittel zum Leben nicht mit dem Leben selbst verwechseln. Arbeit und Beruf sind nicht Sinn, sondern nur Mittel des Lebens.« Der Mensch ist also mehr als die Summe seiner Daten.

Eine typische Teilwertbestimmung des Lebens ist die falsche Betonung der Sexualität. »Nur wer da etwas aufzuweisen hat, der ist in«, sagte mir ein Lehrling nach seinen Erfahrungen, die er im Betrieb mit den Erzählungen der Wochenenderlebnisse seiner Kollegen gemacht hatte.

Ein seltsames Glänzen liegt in Michaels Augen. »Ich bin restlos verliebt«, erklärt er mir. »Ich habe die Partnerin fürs Leben gefunden. Jetzt fängt mein Leben erst richtig an, wertvoll zu werden.« Man will sich noch nicht verloben. »Wir warten noch.« Wochen später ist das Glück wie eine Seifenblase zerplatzt. Der Glanz in Michaels Augen rührt diesmal von Tränen. Er berichtet mir, dass seine Freundin und er sich jetzt nicht mehr in die Augen sehen können. Es ist etwas passiert zwischen ihnen, was besser hätte unterbleiben sollen. Aber jetzt ist es zu spät. Michael ist aufs Ganze gegangen und hat damit die Freundschaft zerstört. Jetzt sitzt er vor den Trümmern seines Glücks. Und das Leben sollte doch jetzt erst richtig losgehen …

Wir beobachten im Augenblick ja eine interessante Trendwende. Während in den 1970er- und 80er-Jahren ein Wort wie »Treue« in die Mottenkiste des Mittelalters verbannt und mit Hohn und Spott bedacht wurde, ist Treue jetzt wieder in. Daran ist nicht nur der Aids-Schock schuld. Eine Infratest-Umfrage kommt zu dem überraschenden Ergebnis: Bei neun von zehn Jugendlichen findet Sex nur in einer festen Beziehung statt. Jeder zweite junge Erwachsene würde diese Beziehung sofort beenden, sollte er den Partner bei einem Seitensprung erwischen. Treue scheint wieder Trumpf zu sein. Nicht ein erzbischöfliches Bistumsblatt, sondern der linksliberale »Stern«

postuliert Anfang 2009 als Titelgeschichte »Die neue Sehnsucht nach alten Werten« und listet dabei u. a. Treue und Verantwortung auf. Allerdings reicht ein Blick in die Angebote der Pharmaindustrie, um festzustellen, wie unerträglich vor allem für Männer sexuelles Versagen ist.

Flucht in die Sucht

Wir ertragen es nicht, wenn wir gerade an der Stelle versagen, wo wir unseren Lebenswert taxieren wollten. Wir begeben uns auf die Flucht, damit die anderen es nicht merken. Nicht umsonst überschreibt der Dramatiker Samuel Beckett sein Lebenswerk mit dem lateinischen Satz: »Esse est percipi – sed non volumus percipi.« Sein heißt entdeckt werden; und das wollen wir nicht. Der Mensch ist auf der Flucht: auf der Flucht vor den anderen, vor sich selbst, vor Gott.

Einer dieser Fluchtwege nimmt heute beängstigende Ausmaße an: der Griff zur Flasche. Da flieht der Schüler vor schlechten Noten, die Hausfrau vor dem Alleinsein am Morgen und der Arbeiter vor dem Stress.

Die »Deutsche Hauptstelle für Suchtgefahren« rechnet mit über 3 Millionen Alkoholikern in Deutschland. Allein 20 Prozent davon sind Kinder und Jugendliche, mit traurig steigender Tendenz. Über den Umweg von limonadensüßen Alkopops wird schon Kindern der Weg zu den harten Getränken geebnet, ein Verbrechen an unserer Jugend! Saufen bis zum Umfallen

wird für immer mehr junge Leute zum Lieblings-
sport.

Der statistische Durchschnittsbürger konsu-
mierte im Jahr 2009 über 10 Liter reinen Alkohol.
Auf Getränke umgerechnet bedeutet das pro Kopf:
137,7 l Bier, 6,5 l harte Spirituosen und 22 l Wein
und Sekt. Nüchterne Expertenbilanz über das
hochprozentige Trinken: »Alkohol ist das sozial-
medizinische Problem Nummer eins in Deutschland.« Und denkt man an die riesige Dunkelziffer
bei der Zahl der Alkoholabhängigen, so ist die
Zeitungsschlagzeile keineswegs übertrieben:
»Deutschland – das Land der Trinker«.

Zwei Dinge zwingen zum Nachdenken. Zum
einen wird mein einzigartiges Leben durch den
Alkohol zerstört. Zum anderen kann ich meine
quälenden Fragen nach Lebenswert und -sinn
nicht im Schnaps ertränken. Mit der Flasche in
der Hand sind noch nie Probleme gelöst worden.
Oder will man gar nicht mehr lösen? Man will vergessen, fliehen, überspielen. Man wird mit den
harten Realitäten des Lebens nicht mehr fertig.
Flucht in die Sucht ist die Folge. »Freunde, das
Leben ist lebenswert ...« – so lallt man verbissen
hinter einer Maske, die die Hilflosigkeit verbergen soll. Dann heißt es allerdings bald in tragi-

scher Radikalität: »Schnaps, das war sein letztes Wort ...«.

Neben die fast unaufhaltsame Lawine des Alkoholismus ist der ständig wachsende Konsum harter Drogen getreten. Auch hier gehen Flucht vor den Realitäten und Zerstörung des Lebens Hand in Hand. Meist fängt es »ganz harmlos« an: Eine Clique hockt in der Bude eines Freundes, eine Haschzigarette geht herum, man zieht an einer Wasserpfeife. Designerdrogen in unkontrollierbarer Zusammensetzung kursieren in Discos, über deren Legalisierung dann noch in verharmlosender Leichtfertigkeit in der Politik diskutiert wird. Das Ende ist dann meist die tödliche Heroinspritze.

Vier Jahre lang hat Alfons R. (22), Direktorensohn aus Frankfurt, Haschisch geraucht. Dann kam der erste Kontakt mit Heroin. »Ich habe die Zimmertür abgeschlossen, eine CD eingelegt und mir den ersten Schuss gesetzt. Dagegen war Haschisch überhaupt nichts. Ich dachte nicht mehr an den Stress meines Studiums, an nichts mehr ... Das ganze Leben erschien mir einerseits herrlich, andererseits vollkommen unwichtig.«

Ein Blick in die Berliner Rauschgiftszene lässt erschrecken: Ulla sagt, sie sei 18. Dabei ist sie 16, sieht aber aus wie 30. Doch dass sie ihren 30. Geburtstag erlebt, glaubt sie selbst nicht. Ulla ist total hochgefixt, heroinsüchtig im fortgeschrittenen Stadium. Mehr als eineinhalb Gramm jagt sie sich Tag für Tag in die zerstochenen Arme. Heroin nimmt den Hunger. Ulla wiegt kaum noch 80 Pfund. Bei der Polizeirazzia fleht die kaum 16-Jährige den Beamten an: »Lasst mir wenigstens die letzte Spritze; nehmt mir doch nicht die einzige glückliche Stunde, die ich noch habe.« Es ist der »goldene Schuss«, wie ihn die Szene nennt: der Selbstmord mit einer Überdosis Heroin als letzte Konsequenz.

Modedroge Nr. 1 ist inzwischen »Ecstasy«. Zehntausende junger Leute nehmen die »Wochenenddroge«, meist in Discos oder bei Techno-Partys. Zunächst redete man sich ein, Ecstasy versetze nur ein wenig in Ekstase und sei relativ harmlos. Inzwischen weiß man, wie verheerend die Designerdroge in den jungen Körpern wütet. Die Mediziner diagnostizieren bei Ecstasy-Konsumenten Hirnschäden, Schüttellähmung, Halluzinationen, Koma und sogar Schlaganfälle. Der Sänger der Popgruppe »East 17«, Brian Harvey, prahlte noch: »Ich habe 12 Tabletten in einer Nacht genommen.« Doch jetzt warnt er Konzertbesucher eindringlich: »Ecstasy wird euch umbringen!« Ja, für Experten ist Ecstasy ein Killer. Weltweit nehmen Drogenmissbrauch und Drogenkriminalität dramatisch zu. Allein in Deutschland sind rund 130 000 Menschen von harten Drogen wie Kokain oder Heroin abhängig. Steigende Tendenz auch bei der Zahl der Erstkonsumenten, denn für viele ist die Modedroge Ecstasy der Einstieg in den mörderischen Kreislauf.

Karl-Heinz B. stirbt mit 26 Jahren an einer Überdosis Heroin. Seinen Abschiedsbrief finden die Eltern in der Hosentasche. »Wer einmal richtig süchtig war, der kommt nie wieder aus dem Labyrinth heraus. Heute habe ich mir nun ein ganzes Gramm Heroin gedrückt, weil ich hoffe, diese Dosis wird mich töten. Da ich keine Chance mehr für mich sehe, glaube ich, so ist es das Beste. Es tut mir leid. Verzeiht Eurem Sohn Karl-Heinz!«

Stimmt das wirklich? Gibt es keine Rettung mehr, keine Chance? Ist das Leben eines Süchtigen wertlos? Ich habe junge Christen kennengelernt, die mir bezeugten: »Durch den Glauben an Jesus Christus wurden wir von unserer Sucht befreit.« Für Gott gibt es keine hoffnungslosen Fälle. Gott ist bereit, seinem Ebenbild in jeder Lage zu helfen.

Kommen wir noch einmal zu Manfred, von dem ich anfangs erzählte: »Keiner liebt mich, keiner kümmert sich um mich!« Das schreit doch nicht nur Manfred in das Dunkel jeder Nacht. Ich weiß nicht, wie viele Leser dieser Zeilen es sind, die hinter der Maske ihres gespielten Glücks arme Schlucker sind. Alleingelassen von der Welt und losgelöst von Gott. Und doch treibt uns alle eine geheimnisvolle Macht: der Hunger nach Leben.

Hunger nach Leben

Wenn man einen Fisch aufs Trockene setzt, würde er, könnte er sprechen, nach Wasser schreien. Es scheint mir, als säßen heute Tausende junger und alter Menschen »auf dem Trockenen«. Und sie schreien nach Leben. Die Absage des Menschen an Gott, die Emanzipation vom Schöpfer, die Teilwertbestimmung ohne das Ganze des Lebens, die Flucht vor den Realitäten – dies alles gleicht einer Wüste, in der der Mensch nach Leben lechzt.

Es ist schrecklich, dass in unserer Zeit des technischen Fortschritts Millionen von Kindern sterben, alle sechs Sekunden verhungert ein Kind auf dieser Welt. Aber wie viele Menschen sind es, die innerlich abgestorben sind; die nicht mehr leben, sondern sterben! Sie sind wie Fische auf dem Trockenen.

Der große Schweizer Psychologe C. G. Jung nennt die innere Leere die »zentrale Neurose unserer Zeit«. Wie viele werden es sein, die auf der Suche nach ihrem Lebenswert dem amerikanischen Dichter Ernest Hemingway zustimmen: »Ich lebe in einem Vakuum, das so einsam ist wie eine Radioröhre, wenn die Batterien leer sind und keine Stromquelle da ist, um sie anzuschließen.« Udo Lattek gilt als erfolgreicher Fußballtrainer. Sechsmal wurde er mit Bayern München Deutscher Meister. Vor ein paar Jahren stieg er aus, zog sich an die Costa Brava zurück und sagte zur Begründung: »Mein Akku ist leer.«

Man spricht heute vom »Burnout-Syndrom«. Und es sind nicht nur Manager, die davon befallen sind. Es gibt sie in allen Altersklassen und Berufsgruppen, die »Ausgebrannten«, deren Batterien leer sind.

Antoine de Saint-Exupéry, der Pilot und Poet, Dichter des »Kleinen Prinzen«, schreibt – 43-jährig – in sein Tagebuch: »Mir geht mein Leben verloren. Niemals hatte ich bisher so stark das Gefühl, nutzlos zu sein.« Und die Schauspielerin Romy Schneider schreibt 1982 in ihrem Abschiedsbrief: »Ich kann alles auf der Leinwand, aber nichts im Leben.« Der Wiener Psychotherapeut Viktor Emil Frankl spricht zu Recht vom »existenziellen Vakuum«, mit dem es die meisten Menschen heute zu tun haben. Ein Vakuum, das nach Füllung schreit – und sei es durch Teilwertbestimmung, durch Überbewertung einzelner Lebensbereiche. Oder man sucht einen Ausweg durch Flucht. So geht ein Strom resignierter Menschen über unseren Planeten. An einer Hauswand stand als Graffito: »Öde ist das Leben. Der Alltag ist trist. Worin liegt der Sinn, dass du überhaupt bist?«

Der Hunger nach Leben ist die tiefe Sehnsucht von Menschen, die die Wertlosigkeit ihres bisherigen Daseins erkannt haben. Der Hunger nach Sinnerfüllung. Hinter jeder Sucht steckt eine Sehnsucht. Eine Untersuchung in den USA beschreibt, wonach sich junge Leute sehnen. An 48 Universitäten wurden einige Tausend Studenten gefragt: »Worin sehen Sie das Ziel Ihres Lebens?« Darauf antworteten 16 Prozent: »To make a lot of money« – viel Geld machen, Karriere, Erfolg ... 78 Prozent aber gaben zur Antwort: »To find a meaning to my life« – den Sinn meines Lebens finden. Ich hoffe, dass dies auch Ihre Antwort ist: Dem Leben einen Sinn geben und Erfüllung finden.

Wir hatten festgestellt, dass Gottes Zusage lautet: Wir sind Gottes Ebenbilder, seine Partner. Wer Minderwertigkeitsgefühle hat, soll das wissen. Und wer sich selbst überschätzt, auch. Gottes Zusage steht die Absage des Menschen gegenüber: »So nicht! Wir wollen mehr!« Für Gott könnte die Sache nun erledigt sein. Aber unser Ende ist sein Anfang.

Da stehen wir Menschen nun. Auf der einen Seite selbstgefällig unter der Parole: Es geht auch ohne Gott. Auf der anderen Seite verkümmert im Gefühl der Verlegenheit: Für mich ist keiner da, ich bin einsam und allein. Was hat mein Leben denn eigentlich noch für einen Wert?

Angebot und Nachfrage

Vor einiger Zeit stand als riesige Schlagzeile in einer großen deutschen Tageszeitung: »Was ist ein Menschenleben wert?« Ich wollte das natürlich wissen und begann interessiert zu lesen: »Ein Menschenleben ist im Durchschnitt 1,65 Millionen Euro wert.« Einem Soziologieprofessor war von einem großen deutschen Automobilclub folgende Frage vorgelegt worden: »Welchen Gewinn verzeichnet eigentlich die Gesellschaft bei Verhinderung tödlicher Verkehrsunfälle?« Bei seinen Untersuchungen hat er festgestellt, dass der Wert des Menschen von seinem Alter und seiner beruflichen Qualifikation abhängt. Ein vollzeitbeschäftigter Mann ist 1,65 Millionen Euro wert, eine Hausfrau nur 1,43 Millionen.

Ein Zwanzigjähriger hat bei abgeschlossener Berufsausbildung einen Wert von rund 500.000 Euro. Also mit allem Dazugehörigen wie Bilderbücher, Arztbesuche, Kindergarten bis hin zum Eis am Stil und der Fahrt in die Ferien summiert sich das neben den Ausgaben für die Schule, für die Kleidung und die anderen Dinge des Lebens eben zu einer halben Million im Alter von 20 Jahren.

Diese Kosten-Nutzen-Rechnung wird auch bei der Frage angewendet, in welchem Umfang der Staat Kampagnen gegen das Rauchen finanzieren soll. Ob Straßenverkehr, Umweltschutz oder Gesundheitswesen: Immer mehr Entscheidungen für Investitionen werden aufgrund solcher Rechenexempel getroffen. Nüchtern wird der »Wert eines statistischen Lebens« (WSL) ermittelt – bis hin zum »Humankapital« in Unternehmen, also dem Wert eines Mitarbeiters für die Firma. Nicht von ungefähr wurde dieses zynische Wort, das den Menschen zu einer ökonomischen Größe degradiert, zum »Unwort des Jahres 2004« gewählt.

Nach der WSL-Logik ist ein Mensch in einem Industriestaat mehr wert als jemand in einem Entwicklungsland. Dass dies dramatische Folgen haben kann, zeigt die Äußerung des von US-Präsident Barak Obama ernannten Direktors des Nationalen Wirtschaftsrates. Der machte sich Gedanken über die internationale Giftmüllentsorgung und kam zu dem Schluss: »Die Kosten gesundheitsschädigender Verschmutzung bemessen sich nach den entgangenen Einnahmen durch erhöhte Krankheit und Sterblichkeit. So gesehen sollte diese Verschmutzung in einem

Land mit den geringsten Kosten stattfinden.« Im Klartext: Das Gift kommt in die Dritte Welt, Todesfälle zu Hause sind zu teuer.

In Hamburg musste sich das Landgericht im Januar 2009 mit der Frage befassen, wie viel ein zerstörtes Leben in Deutschland wert ist. Eine Mutter hatte auf die Rekordsumme von 4,4 Millionen Euro Schadenersatz geklagt, nachdem ihre Tochter Sarah durch einen Verkehrsunfall zum schweren Pflegefall geworden war. Sie wollte keine lebenslange Minirente, sondern den »Gesamtwert« ihrer Tochter sofort ausgezahlt haben. Russlands Premier Putin wurde nach einem Unfall in einem sibirischen Wasserkraftwerk im Sommer 2009 in einer TV-Talkshow gefragt, mit welcher Entschädigung die 75 Opferfamilien rechnen können und »wie viel ein Menschenleben in Russland eigentlich wert ist.« Die Zeitung »Wedomosti« bot anschließend folgende Lösung: »Die Zahlungen im Westen basieren auf einem Berechnungssystem, das den aktuellen Lohn des Verunglückten, dessen Ausbildungsniveau und Karriereaussichten sowie die Zahl der unversorgten Familienmitglieder berücksichtigt.« Der Rektor der Moskauer New Economic School, Sergej Gurijew, steuerte diese

Daten bei: In den USA liegt der Wert eines Arbeiters bei vier bis neun Millionen Dollar, in einem Schwellenland wie Indien nur bei einer Million.

Der Mensch wird taxiert wie ein Gebrauchtwagen! Alte Knochen bringen weniger. Bessere Ausbildung bringt mehr! Und wenn man das »Pech« hat, als Frau auf die Welt zu kommen, werden gleich ein paar Prozent abgerechnet. Welch ein Zynismus! Der Mensch wird verramscht. Dass wir hier nicht zum Fenster hinaus reden, dass diese unglaublichen Rechenexempel bittere Realität werden können, zeigt diese erschütternde Entdeckung: Ein bayerisches Ehepaar wurde festgenommen, weil es per Internet Kinder für sado-masochistische Sexspiele angeboten hatte. Sollte ein Kind dabei zu Tode kommen, müsste der Kunde 12 000 Euro »für die Beseitigung des Kadavers« bezahlen.

Das Spiel der Nullen macht aus Menschen Material. Und unter diesem letztlich tiefernsten Zahlenspiel fragt sich der Mensch, fragst du dich vielleicht: »Was bin ich denn nun eigentlich wert?«

Der Wert eines Artikels ist eigentlich nie eine objektive Sache, sondern er richtet sich immer nach Angebot und Nachfrage. Der Wert hängt also immer vom Käufer, vom Interessenten ab, wie viel er auszugeben bereit ist. Ein Auto kann auf dem Gebrauchtwagenmarkt hundertmal 3000 Euro wert sein. Wenn niemand kommt und diesen Betrag bietet, wenn sich also kein Käufer dafür findet, geht der Preis herunter und der Wert sinkt. Es gilt das Prinzip von Angebot und Nachfrage.

Kommen wir auf unser Leben zu sprechen, dann haben wir Gottes große Zusage: »Du bist mein Ebenbild.« Wir aber haben Gott eine Absage erteilt. Ist unser Leben deshalb wertlos?

Sehen Sie, und hier geschieht etwas Atemberaubendes. Gott gibt durch seine Nachfrage nach mir meinem Leben einen einzigartigen Wert. Gott will nicht, dass unser Leben vor die Hunde geht. Er hat uns ja gegenüber der Tierwelt geadelt. Gott sieht es traurigen Herzens mit an, wie aus Ebenbildern Karikaturen geworden sind. Aus Originalen billige Kopien.

Gott sieht, wie eine ganze Menschheit sich abquält, wie sie blutet und wie sie sich zerreißt. Gott sieht, wie du in deiner selbstgefälligen Autonomie kaputtgehst. Wie deine Schuld so groß ist, dass du bestimmten Menschen nicht mehr in die Augen schauen kannst.

Gott sieht, wie wir uns schweres Leid zufügen. Gott sieht, wie wir uns krampfhaft abstrampeln, damit aus uns noch etwas wird. Gott sieht, wie wir dauernd an uns herummäkeln und nicht zufrieden sind. Wir kennen ja dieses ständige Getue: »Ach wäre ich doch so wie der oder die!« Gott sieht es mit an, wie seine Partner, du und ich, sich immer weiter von ihm entfernen. Gott sieht, wie wir uns in den Mittelpunkt stellen. Wie wir Menschen, also das Geschöpf, vergöttern, aber den Schöpfer links liegen lassen.

Und was tut Gott? Er könnte sich zornig von uns abwenden und könnte sich ein neues Spiegelbild schaffen. Aber nein, er wendet sich uns zu. Obwohl wir uns längst abgewandt haben. Aber er macht das nicht mit einem saloppen Schulterklopfen nach dem Motto: Kopf hoch, wir versuchen es noch mal, und alles wird gut! Gott sagt auch nicht einfach: »Ich liebe euch.« Wie wir es oft so schnell daherplappern im banalen Gerede vom »lieben Gott«. Nein, Gott leistet sich keine Oberflächlichkeit. Er teilt keine Blumen aus. Dem lebendigen Gott blutet das Herz. Ihm ist es todernst, wenn es um unser Leben geht.

Mensch, Weihnachten!

In dieser verzweifelten Situation greift Gott zum letzten Mittel. Gott, der Schöpfer dieses Kosmos, der den Menschen zu seinem Bilde geschaffen hat, verwandelt sich jetzt in unser Bild!

Gott wird Mensch, in Bethlehem zur Zeitenwende. Das ist das einschneidendste Datum der Weltgeschichte. Deshalb fing auch eine neue Zeitrechnung an. Bethlehem – das ist keine Weihnachtsidylle im Duft von Zimtsternen und Bienenwachskerzen. Da ist nichts als die Armseligkeit eines Stalles. Und dort setzt der ewige Gott seinen Fuß auf diese Erde.

In dieser unvergleichlichen, überwältigenden Tat fragt Gott nach seinem Ebenbild. In Jesus Christus ist er selbst Mensch geworden. Gott gibt nicht auf. Gott lässt uns nicht einfach laufen. Er duldet es nicht, dass wir uns kaputt machen. Wir gehören nicht auf den Müll.

Ich sehe wieder Manfred vor mir, damals in meiner Wohnung. »Manfred«, sagt Gott, »du kannst dein Leben nicht wegwerfen wie Müll in die Tonne. Du kannst es nicht verhökern wie der Chemiker: Zellulose, Eiweiß und Kalk gleich 10

Euro. Nein, du bist wertvoll! Du bist einmalig! Du bist ein Original! Du bist mein Partner.«

Der ewige und heilige Gott sagt nicht einfach: »Ich liebe euch.« Nein, Gott reißt sich das Liebste vom Herzen, was er hat: seinen Sohn. Er schickt das Wertvollste, um nach uns zu fragen. Gottes Nachfrage macht dich ungemein wertvoll, weißt du das eigentlich? Weißt du eigentlich, dass Gott extra für dich seinem Sohn menschliche Gestalt gegeben hat? Und nicht nur das ist das Geheimnis Jesu. Er ist nicht nur Mensch geworden, er ist auch Fleisch geworden. Er ist hineingekommen in unsere Verlorenheit und Vergänglichkeit und hat sie freiwillig angenommen.

Da kann jetzt keiner mehr daherkommen und meinen: Was soll denn so ein Gott, der uns nur Vorschriften macht, der nur mit erhobenem Zeigefinger auf uns einredet? Oder wie Manfred sagte: »Gott ist mir zu weit weg.« Nein, Gott kommt uns ganz nah. Gott lässt dich, sein Ebenbild, nicht im Stich. Er kam hinab in die ganze Tiefe menschlicher Verlorenheit. Und er hat die Hölle dieser Erde durchgemacht. Er kam in den Dreck und er kam in die Tränen. Er hat es sich nicht bloß angeguckt, nur so von oben herab. Er hat das alles selbst durchgemacht.

Gott kam nicht auf Staatsbesuch. Wir kennen ja die Bilder aus dem Fernsehen, wenn hohe Gäste kommen, Könige und Präsidenten. Da wird Salut geschossen, der rote Teppich ausgerollt und die Luxuslimousine bereitgestellt. Da gibt es Eintragungen in Goldene Bücher, Einladungen und Gegeneinladungen, Austausch von Noten und wohlgesetzte Kommuniqués. Da wird höflich konferiert und interessiert besichtigt. Panzer rollen zur Parade und Kinder schwingen Fähnchen. Nicht zu vergessen die Beflaggung. Und dann liegt der rote Teppich zum Abflug bereit. Die Bilanz: Höflichkeiten wurden ausgetauscht, vieles wurde gesehen und gezeigt, aber alles im (Sicherheits-)Abstand zur Bevölkerung. Es war eben ein Staatsbesuch.

Gott kam nicht auf Staatsbesuch. Als er Jesus Christus in die Welt schickte, um die Menschen wieder zu sich einzuladen, gab es statt Gegeneinladung nur Abweisung, statt Nobelherberge einen Stall. Und die »Staatskarosse« war ein schlichter Esel.

Jesus hat nicht in distanzierter Höflichkeit die Elendsviertel seiner Zeit besichtigt. Er hat das Elend selbst durchgemacht. Er hat auch keine wohlgesetzten Floskeln gesagt, um niemandem auf die Füße zu treten. Jesus hat die Wahrheit verkündet und knallhart mit Selbstgefälligkeit und Schuld abgerechnet – eine harte Herausforderung und doch die rettende Befreiung. Und er hat das nicht nur gesagt, sondern gelebt. Der, dem die Macht über sämtliche Heere des Himmels und der Erde zustand, hat nicht nur Erlösung gepredigt, sondern vollbracht. »Christus kam nicht, um die Probleme der Welt zu lösen. Er kam, um uns zu erlösen« (Dietrich Bonhoeffer).

Keine Ramschware

Das Kreuz von Golgatha ist Gottes Preis für mein Leben. Hier hat Jesus Christus dein und mein Leben erkauft. Und zwar nicht zu Schleuderpreisen, sondern zum Höchstgebot. »Nicht mit vergänglichem Silber oder Gold ... sondern mit dem teuren Blut Christi« (1. Petrus 1,18f.).

Die, die unser Leben, unsere Seele wollen, die Idole und Ideologen, die Philosophen und Religionsstifter, versprechen uns große Programme. Wenn es aber hart auf hart geht, steht uns auch nicht einer zur Seite. Da ist keiner, der uns hilft. Keiner von diesen großen Leuten, die wir anhimmeln, auch nicht einer. Alles nur religiöse und politische Schwätzer und Schwärmer.

Total anders bei Jesus Christus! Die Nachfrage Gottes nach seinem Ebenbild kostet seinem Sohn das Leben. So wertvoll bist du! Jesus lässt sich kreuzigen, damit du leben kannst. So wertvoll bist du!

Wer diese Tatsache durchdenkt, wird merken, dass menschlicher Verstand dieses Geheimnis letztlich nicht fassen kann. Gott verwandelt sich in unser Bild. Der Schöpfer wird Geschöpf. Er wird

Mensch in Jesus Christus. Der Tod seines Sohnes eröffnet uns das Leben. Der Tod Jesu Christi und sein Wort am Kreuz »Es ist vollbracht« gibt unserem Leben seinen einzigartigen Wert. Gottes Nachfrage gipfelt im Höchstgebot: dem Blut seines Sohnes. Vergiss das nicht: Du bist teuer erkauft (1. Kor. 6,20)!

Was ist mein Leben wert? Um die Antwort zu bekommen, müssen wir uns also auf den Weg nach Golgatha machen. Hier hat Gott Letztgültiges gesagt zum Wert meines Lebens. Er hat seinen entstellten Ebenbildern die Möglichkeit der Erneuerung gegeben. Nicht im Sinne der Renovierung, sondern der radikalen Neuwerdung.

Gott verteilt auf Golgatha keine Ersatzteile für defekte Seelen. Er macht keine Kopie vom Original. Das ist das Geheimnis: Er stellt den alten Zustand wieder her und schafft damit etwas völlig Neues. »Ist jemand in Christus, so ist er eine neue Kreatur; das Alte ist vergangen, siehe, Neues ist geworden« (2. Kor. 5,17).

Gottes Nachfrage ist das Angebot der Vergebung unserer Absage an ihn. In der revolutionären Aktion der Menschwerdung Gottes fragt der ewige Herr durch seinen Sohn Jesus Christus nach meinem Leben. Und durch das Kreuz auf

Golgatha schafft er eine Brücke zu sich zurück. Hier, wo Jesus im Todeskampf gerufen hat: »Es ist vollbracht«, gibt es Vergebung. Meine Autonomie, meine Loslösung von Gott, meine Selbstwertsetzung, meine Flucht, mein Nein zu Gottes Zusage – durch das Blut Jesu Christi können sie vergeben werden (1. Joh. 1,7).

Das ist das Höchstgebot Gottes für mein Leben. Mehr gibt es nicht. Die Religionen dieser Welt haben eine ganze Menge zu bieten, aber das Höchstgebot für mein Leben haben sie nicht. Die großen Führer der Menschheit kommen mit wertvollen Versprechungen, aber die Nachfrage Gottes vom Kreuz hat sie alle in den Schatten gestellt. Die Philosophen und Weisen haben dem Leben einen hohen Wert beigemessen und zur Lösung der Menschheitsfragen einen bedeutenden Beitrag geleistet. Aber Gottes Wertsetzung meines Lebens überragt sie alle.

Wir können alles abklopfen in dieser Welt. Da gibt es schillernde Angebote, faszinierende Nachfragen, packende Programme und attraktive Versprechungen. Sie alle blenden uns wie der Goldrausch die Amerikapioniere. Sie versprechen uns das Heil. Aber sie enttäuschen alle, weil das Heil woanders festgesetzt ist. Ihre Wertschätzungen sind zu wenig, weil der Wert schon längst gesetzt ist. Verglichen mit dem Höchstgebot Gottes sind sie Schleuderpreise.

Der Wert meines Lebens ist in Golgatha begründet. Das Kreuz Christi ist die höchste Wertschätzung meines Lebens, weil es Gottes gültige Wertsetzung ist. Den Schleuderpreisen dieser Welt setzt Gott den Höchstpreis entgegen.

Wer wagt es denn da noch, über Gott zu spotten? Und wenn auch. Du kannst von Gott zur Tagesordnung übergehen, du kannst ihn ablehnen, du kannst an ihm vorbeileben. Ja, du kannst ihn sogar verlachen und verspotten, aber eines kannst du nicht: Du kannst nicht verhindern, dass Gott dich liebt. Und Gott verramscht unser Leben nicht wie ein Sonderangebot im Sommerschlussverkauf. Er bietet das Höchstgebot: seinen Sohn! Er lässt ihn sterben, damit wir wieder seine Partner sein können. Frei von Sünde, los von allen falschen Bindungen, nur noch gebunden an ihn. Denn Freiheit ohne Bindung gibt es nicht.

Original oder Kopie?

Fragen wir nach dem Wert unseres Lebens, so gilt Gottes einmalige Zusage: »Du bist mein Ebenbild.« Dem steht die Absage des Menschen gegenüber: Wir wollen mehr. Wir wollen so sein wie Gott. So sind aus Partnern Gegner, aus Ebenbildern und Originalen Karikaturen und Kopien geworden.

Aber Gott wendet sich nicht ab. Er wendet sich uns noch einmal zu. Er macht seine Nachfrage. Er bietet das Äußerste für mein kleines Leben. Mehr als Gold oder Silber: seinen Sohn.

Du hast die Chance, wieder Partner Gottes zu werden! Noch einmal denke ich an Manfred, den die Frage nach seinem Lebenswert quält. »Manfred, dein Leben ist wertvoll. Auch wenn andere dich verachten. Wenn du einsam bist, allein und verlassen. Manfred, da ist einer, der dich unendlich lieb hat. Da ist einer, der dich akzeptiert, so wie du bist. Da ist einer, der dich zu deiner Bestimmung zurückbringen will, dass du wieder Partner des ewigen Gottes wirst. Du, Manfred, da ist Jesus und er meint dich: ›Komm her zu mir, ich will dir neues Leben geben. Ich will in deine Verhältnisse kommen, in deinen Kummer, in deine Freuden, in deine Sorgen. Ich will in dein Leben kommen. Willst du das?'«

Gottes Nachfrage ist wie ein Scheck. Er hat nur dann seinen Wert, wenn er gedeckt ist. Gottes Höchstpreis für mein Leben ist gedeckt. Ein für allemal: am Kreuz auf Golgatha! Er bekommt nur dann seinen Wert, wenn er eingelöst wird. Und da bist du am Zug! Es geht um des Menschen Antwort.

Diese Entscheidung kann dir niemand abnehmen. Keiner kann über das Leben des anderen bestimmen. Hier sind wir selbst gefragt, jeder Einzelne. Gottes Nachfrage fordert uns heraus. Sie fordert eine klare Entscheidung.

Wer bist du? Du bist Gottes Ebenbild. Du gehörst zu Gott. Wo stehst du? Vielleicht ganz weit weg von ihm. Dann komm doch zurück! Vielleicht stehst du ganz dicht bei ihm. Nur ein kleines Geheimnis, das du nicht aufzugeben bereit bist, trennt dich noch von ihm. Entscheide dich doch endlich ganz und verbindlich für Jesus Christus! »Sei ganz sein, oder lass es ganz sein«, formulierte der rheinische Präses während der Zeit der Bekennenden Kirche, Paul Humburg, »denn Gott krönt kein geteiltes Herz.«

Bedenke: Es geht um die einmalige Nachfrage Gottes, aber auch um dein einmaliges, unwiederholbares Leben. Das ist der Ernst der Lage. Gott legt es in unsere Hand, ob wir den Wert unseres Lebens finden.

Volltreffer

Claudemir Jeromino Barreto, besser bekannt als Cacau, sorgte 2010 zusammen mit Jogi Löws Multi-Kulti-Elf für ein Sommermärchen aus Südafrika. Nicht nur, dass der Brasilianer die deutsche Nationalhymne mitsingt, er bekennt sich ganz offen zu seinem christlichen Glauben. Auf seiner Homepage nennt er als Lieblingsbuch die Bibel und hat als Extra-Rubrik »Glauben« zum Anklicken. Der gefeierte Star schreibt: »Heute weiß ich, dass alles auf der Welt vergänglich ist. Es gibt jedoch die Hoffnung, an der Seite von Jesus Christus ein erfülltes und erfolgreiches Leben zu führen. Wenn du auch, so wie ich, ein friedliches Leben wünschst, nimm Jesus Christus als deinen Herrn und Heiland an.«

Unvergessen für Fußballfans ist auch die WM 1994 in den USA. Die deutsche Nationalmannschaft muss sich schon früh geschlagen geben. Weltmeister wird schließlich Brasilien. Heute noch habe ich die Bilder vor Augen: Nach dem Abpfiff machen die Brasilianer keine Ehrenrunde, sondern einen Kreis und senken ihre Köpfe. Mitten auf dem Rasen, mitten im tobenden Stadion. Der Fernsehkommentator ist merklich verunsichert. Erst im Interview mit dem Wahl-Bayern-Münchner Jorginho wird das Geheimnis gelüftet: »Wir haben Gott für diesen großartigen Sieg gedankt und anschließend das Vaterunser gebetet.« Ein ergreifendes Bekenntnis, das um die Welt geht. Umso skandalöser, dass der »allmächtige« Weltfußballverband FIFA seit Jahren »religiöse Bekenntnisse« auf dem Rasen verbietet, als würde die Friedensbotschaft von Jesus Christus irgendeinen Schatten auf die Fairness von Spielen werfen. Im Gegenteil!

Der Brasilianer Jorginho wurde 1992 bewusst mit dem »Fairplay-Preis« der FIFA ausgezeichnet. Fünf Jahre spielte er in Deutschland. Mit und dank Jorginho wurde Bayern München mehrmals deutscher Meister. Aus seinem Glauben hat er nie einen Hehl gemacht. Auch nicht daraus, dass er früher seinen Lebenswert immer an der falschen Stelle gesucht hat: »Auf der Suche nach Glück fand ich es doch nicht. Ich verdiente viel Geld, fuhr tolle Autos und genoss das Nachtleben von Rio in vollen Zügen. Doch mein Herz war leer.« Überzeugt hat ihn das Beispiel seines älteren Bruders, ähnlich wie bei Cacau. Der Alkoholiker und Familientyrann war Christ geworden und hatte sich plötzlich total verändert. Er war zufrieden, hatte Frieden – was mehr ist als bloße Befriedigung. Jorginho meint: »Ich hatte doch alles, was er nicht hatte: Geld, Ruhm, Frauen. Aber ich war unglücklich und er glücklich ...«

Nach seiner Hinwendung zu Gott bezeugt der Fußballprofi: »Ohne Gott war ich ein jämmerlicher Kerl. Mit Gott bin ich ein ganzer Mann.« Im Beruf das Beste zu geben, ist für Jorginho selbstverständlich. Aber er fügt gleich hinzu: »Ich spiele zwar sehr gerne Fußball und es ist für mich auch wichtig, zu gewinnen. Aber es ist nicht die Hauptsache. Ich kann ein Spiel verlieren, weil mein persönlicher Sieg nicht vom Fußball abhängt.« Nur ein steiler Glaubenssatz aus der Theoriekiste? Wie praktisch ein solches Bekenntnis werden kann, zeigt die Bundesligasaison 1992/93. Nach einem dramatischen Kopf-an-Kopf-Rennen an der Tabellenspitze gewinnt Werder Bremen vor Bayern München die begehrte Meisterschale. Bei Werder jedoch gibt es einen anderen kickenden Christen, mit dem Jorginho durch die christliche Vereinigung »Sportler ruft Sportler« verbunden ist: Wynton Rufer, der Neuseeländer mit dem Spitznamen »Kiwi«.

Auf dem Gipfel der Karriere sagt Wynton Rufer

vor Millionen TV-Zuschauern: »Der eigentliche Wettkampf findet nicht im Sport, sondern im Leben statt. Als wir die Deutsche Meisterschaft gewonnen hatten, wurde mir bewusst, dass ich durch Jesus Christus schon ein Sieger bin – genauso wie der ›Verlierer‹ Jorginho, der mit Bayern die Meisterschaft nicht erreichte. Mit seinem Tod am Kreuz hat Jesus den Sieg errungen ...« Da bezeugen zwei prominente Christen, deren Lebenswege über Kontinente hinweg nach Deutschland führen und die in unmittelbarem sportlichen Zweikampf gegeneinander stehen: Der Wert unseres Lebens ist mehr als Sieg oder Niederlage. Er ist in Jesus Christus beschlossen, in seinem Kreuz. Hier wird mit einem Mal ganz praktisch, was ich in den vorangegangenen Seiten dieses Buches meinte. Was Tore und Turniere, Preise und Pokale nicht vermögen, das schenkt Jesus Christus: ein Leben, das es wert ist, gelebt zu werden.

Zur Fußball-WM 2010 in Südafrika produzierte die christliche Sportorganisation SRS (Altenkirchen) eine DVD, auf der zum Beispiel die Bundesligaprofis Marcelo Bordon und Mineiro (beide Schalke 04), Jonathan Santana (VfL Wolfsburg) und Zé Roberto (Hamburger SV) über ihren christlichen Glauben berichten. Die vier Spieler demonstrieren, dass Fußball zwar die schönste Nebensache der Welt ist, nicht aber »Fußball ist unser Leben«.

»Ich danke Gott«, antwortete der kenianische Goldmedaillen-Gewinner im Marathon, Samuel Kamau Wanjiru, in Peking 2008 auf die Frage, wie er dieses erste olympische Gold in dieser Disziplin für sein Land geschafft habe. Bei Gott, fügte er hinzu, müsse man aber keine Medaillen gewinnen, um dem Leben Wert zu geben. Einer der erfolgreichsten Sportschützen Deutschlands, Ralf Schumann aus Suhl, holte in Peking noch mal Silber. »Diesen Erfolg habe ich ausschließlich Jesus zu verdanken. Er hat mein Leben wertvoll gemacht«, bekennt Schumann vor den überraschten Reportern und berichtet von seiner »Bekehrung« bei einer evangelistischen Aktion während der Olympischen Spiele 2004 in Athen.

Todesstoß

Ein Erlebnis, das ich nie vergessen werde: Eines Nachmittags gehe ich »um den Block«, frische Luft schnappen. Es ist Mülltag. Vor jedem Haus stehen die großen und kleinen Tonnen. Bei manchen steht der Deckel auf, weil der Behälter überladen ist. Vor einem großen Mietshaus stehen die Mülltonnen dicht gedrängt. Eine fällt mir auf, die in der Mitte, deren Deckel als Einziger geöffnet ist. Eine Latte, so meine ich, ragt heraus. Aber da gibt es ja noch eine Querlatte ...

Ich schaue genauer hin und erstarre: In dem geöffneten Mülleimer sehe ich ein Kreuz. Nein! Nicht ein Kreuz, sondern das Kreuz – das Kruzifix.

Die übrige Tonne ist mit abgerissenen Tapeten gefüllt. Da haben also Leute ihre Wohnung renoviert. Das Alte musste Neuem weichen. Die Tapeten mussten weg. Und das Kreuz hat man gleich mit in den Müll geworfen. Man ist ja schließlich fortschrittlich und lebt nicht mehr im Mittelalter ... Aus der Renovierung wurde ein Rückfall in die Steinzeit. Und Fortschritt bedeutet hier: fortschreiten von der Wahrheit zu verhängnisvoller Dummheit.

Da liegt die gute Nachricht »Jesus starb für dich« im Mülleimer. Mir versetzt es einen Stich durchs Herz. Ob diese Leute wohl in letzter Konsequenz ahnten, was sie da getan haben? Ich muss daran denken, dass eigentlich viele Leute so handeln. Sicher nicht ganz so auffällig. Aber sie verdrängen das Kreuz aus ihrem Leben. Sie renovieren sich in die Steinzeit. Das tut auch ein ganzer Kontinent, sollte das Urteil des Menschengerichtshofes der EU vom November 2009 in die Tat umgesetzt werden, dass es keine Kruzifixe in Klassenzimmern geben sollte. Dabei ist »Europa ohne das Kreuz nicht zu haben« (Otto von Habsburg), weil unsere christlich-jüdische Kultur als Grundurkunde die Bibel hat.

Für mich steht fest: Wer das Kreuz Christi mit Füßen tritt und seinen Tod in den Müll wirft, für den ist Jesus am Karfreitag umsonst gestorben. Aber er soll wissen: Er lebt dann auch umsonst. Das Höchstgebot Gottes für mein Leben in der Mülltonne? Damit degradiere ich meinen Lebenswert weit unter den Nullpunkt!

Damit versetze ich unserer Gesellschaft den Todesstoß, die doch davon lebt, »in Verantwortung vor Gott und den Menschen« (Grundgesetz) zu handeln. Der Gott der Zehn Gebote und der

Bergpredigt ist der Gott des Kreuzes. Dort finde ich den wahren Wert, denn bei ihm stehe ich hoch im Kurs.

Dort erkenne ich: Sein Name ist »Liebe« – was übrigens der Grundtenor des Trauergottesdienstes für die 21 jungen Opfer der furchtbaren Loveparade-Katastrophe von Duisburg im Juli 2010 war. Und dass Bundespräsident Christian Wulff sich bei dieser Feier öffentlich bekreuzigte, war kein Verstoß gegen das Neutralitätsgebot des Staatsoberhauptes, sondern ein Bekenntnis zu den Wurzeln unserer europäischen Kultur. Die steht auf dem Spiel, sollte das Kreuz »in den Müll« wandern.

Inflation ausgeschlossen

Vor Jahrzehnten galt er noch in aller Welt als unumstrittene Leitwährung. In den 1980er-Jahren weigerten sich die Öllieferländer, ihn als Zahlungsmittel anzuerkennen. Der amerikanische Dollar war im Wert fast zur Unkenntlichkeit geschrumpft. Die Dollarkrise hat gezeigt, dass selbst die stabilste Währung keinen Dauerwert hat. Andere Währungen, wie der Schweizer Franken, stiegen im Kurs. Durch die weltweite Finanzkrise, ausgelöst durch die Pleite der amerikanischen Bank Lehman Brothers im Oktober 2008, kam selbst der starke Euro unter Druck, nach der Fast-Pleite des Staates Griechenland die gesamte Währungsunion. Plötzlich waren Aktien, Zertifikate und Immobilien nichts mehr wert. Fachleute wissen, dass letztlich keine Währung vor Kursverfall sicher sein kann.

Beständig im Kurs ist aber nur eines: unser Leben. Beim Leben gilt: Kursverfall ausgeschlossen. Denn höher als Ebenbild Gottes, höher als Nachfrage im Kreuz Jesu Christi kann keiner unser Leben setzen. Die Konjunktur der Religionen und Philosophien schwankt. Gott aber gibt das Höchstgebot zur Nachfrage nach uns. Mehr noch als Gold. Und wir wissen ja, wie wichtig die Goldreserven für die Stabilität unserer Währungen sind. Gott lässt seinen Sohn sterben, um unser Leben wertbeständig anzulegen.

Das ist so grundlegend, dass es selbst sinnlosem Sterben noch tröstende Erklärung gibt, wo menschliche Worte nichts mehr ausrichten können. »Gott steht an Ihrer Seite, so wahr er seinen eigenen Sohn für uns sterben ließ«, tröstete im Trauergottesdienst Militärdekan Armin Wenzel die Eltern der drei jungen Soldaten, die beim Kampf gegen die Taliban am Karfreitag 2010 in Afghanistan gefallen sind. »Der Tod bleibt nicht der Sieger, denn es gibt ja Ostern«, trotzte der Geistliche der eigenen Fassungslosigkeit. Bei Gott stehen wir hoch im Kurs. Sein Angebot ist ein gedeckter Scheck.

Nun gilt es, richtig zu reagieren, den Scheck einzulösen. Auf meine Antwort kommt es an, wenn Gott nach mir fragt.

Ich habe geantwortet. Meine Antwort steht fest. Und ich gebe sie mit den Worten eines Mannes, der im Dritten Reich in Berlin eingekerkert war. Ein Mann, dessen Leben menschlich gesehen wert- und hoffnungslos war. Der Strang wartete auf ihn. Aber aus seiner Zelle heraus schreibt er, Dietrich Bonhoeffer:

»Wer bin ich? Einsames Fragen treibt mit mir Spott.
Wer ich auch bin, Du kennst mich, Dein bin ich, o Gott!«

Peter Hahne
Nur die Wahrheit zählt

Bestell-Nr. 5.121.001
ISBN 978-3-8429-1001-0
144 Seiten, gebunden,
11,4 x 18,5 cm
€ 9,95

Peter Hahne, laut
Moderatoren-Monitor
2010 Deutschlands
beliebtester TV-Polit-
Talker, mit einem
brandaktuellen Thema. Wie beim Mega-Bestseller »Schluss
mit lustig« nimmt er kein Blatt vor den Mund und redet
Klartext.
Es geht um Vernunft und Glauben, um Politik und Christ-
sein, um Familie und Beruf.
Wahrheiten gegen den Relativismus, Maßstäbe gegen
Orientierungslosigkeit.

Attraktive Bändchen, die sich bestens dazu eignen, anderen etwas Gutes zu tun. Mit Texten von Peter Hahne, die positiven Zuspruch bieten – vom Evangelium geprägt, treffend formuliert.

Jeweils 32 Seiten, viele Farbbilder, gebunden, 16 x 12,5 cm, Umschlag mit Prägung, € 6,95

Bestell-Nr. 5.123.001
ISBN 978-3-8429-3001-8

Bestell-Nr. 5.123.002
ISBN 978-3-8429-3002-5

Bestell-Nr. 5.123.003
ISBN 978-3-8429-3003-2